Pontos e Contos

FRANCISCO CÂNDIDO XAVIER

Pontos e Contos

Pelo Espírito
Irmão X

Copyright © 1958 *by*
FEDERAÇÃO ESPÍRITA BRASILEIRA – FEB

13ª edição – 6ª impressão – 500 exemplares – 12/2024

ISBN 978-85-7328-798-1

Todos os direitos reservados. Nenhuma parte desta publicação pode ser reproduzida, armazenada ou transmitida, total ou parcialmente, por quaisquer métodos ou processos, sem autorização do detentor do *copyright*.

FEDERAÇÃO ESPÍRITA BRASILEIRA – FEB
SGAN 603 – Conjunto F – Avenida L2 Norte
70830-106 – Brasília (DF) – Brasil
www.febeditora.com.br
editorial@febnet.org.br
+55 61 2101 6161

Pedidos de livros à FEB
Comercial
Tel.: (61) 2101 6161 – comercial@febnet.org.br

MISTO
Papel | Apoiando o manejo florestal responsável
FSC www.fsc.org
FSC® C112836

Adquirindo esta obra, você está colaborando com as ações de assistência e promoção social da FEB e com o Movimento Espírita na divulgação do Evangelho de Jesus à luz do Espiritismo.

Dados Internacionais de Catalogação na Publicação (CIP)
(Federação Espírita Brasileira – Biblioteca de Obras Raras)

I69p Irmão X (Espírito)

Pontos e contos / pelo Espírito Irmão X; [psicografado por] Francisco Cândido Xavier. – 13. ed. – 6. imp. – Brasília: FEB, 2024.

276 p.; 21 cm – (Coleção Humberto de Campos / Irmão X)

Inclui índice geral

ISBN 978-85-7328-798-1

1. Contos Espíritas. 2. Obras psicografadas. I. Xavier, Francisco Cândido, 1910–2002. II. Federação Espírita Brasileira. III. Título. IV. Coleção.

CDD 133.93
CDU 133.7
CDE 80.01.00

Sumário

Pontos e contos 9

1   O programa do Senhor 13
2   A carta do mundo 17
3   Às portas celestes 21
4   Em sessão prática 25
5   O testemunho 31
6   O doente grave 35
7   O acidente providencial 39
8   A maior dádiva 45
9   Surpresa em sessão 49
10 O discípulo de perto 53
11 Problema de saúde 57
12 A árvore divina 63
13 A surpresa do crente 67
14 Obsessão e dívida 71

15	No correio fraterno	77
16	A besta do rei	81
17	Resposta de companheiro	87
18	Morrer para descansar	91
19	Entusiasmo e responsabilidade	97
20	A súplica final	101
21	O empréstimo	105
22	O semeador incompleto	111
23	Grande cabeça	115
24	Proteção educativa	121
25	Simeão e o menino	127
26	A serva nervosa	129
27	Espiritismo científico apenas?	135
28	A parábola do rico	139
29	O quinhão do discípulo	145
30	O amigo Chaves	149
31	Mau aprendiz	155
32	A lição de Aritogogo	161
33	A dissertação inacabada	165
34	Filha rebelde	169
35	Nas palavras do caminho	175
36	O adversário invisível	179
37	Natal simbólico	183
38	Os estranhos credores	189
39	Provas de paciência	195

40	Olá, meu irmão!...201
41	A tarefa recusada..207
42	O homem que matava o tempo..........................213
43	A resposta de Eneias...219
44	Opiniões alheias...225
45	A proibição de Moisés..231
46	No portal de luz...235
47	O tempo urge...237
48	Oração do Dois de Novembro...........................241
49	Na glória do Natal..245
50	Ano-Novo...249

Índice geral...253

Pontos e contos

O Evangelho é o livro da vida, cheio de contos e pontos divinos, trazidos ao mundo pelo celeste orientador.
Cada apóstolo lhe reflete a sabedoria e a santidade.
E em cada página o Espírito do Mestre resplende, sublime de graça e encantamento, beleza e simplicidade.
É a história do bom samaritano.
A exaltação de uma semente de mostarda.
O romance do filho pródigo.
O drama das virgens loucas.
A salvação do mordomo infiel.
O ensinamento da dracma[1] perdida.
A tragédia da figueira infrutífera.
A lição da casa sobre a rocha.
A parábola do rico.
A rendição do juiz contrafeito.
Na montanha, o divino Amigo multiplica os pães, mas não se esquece de salientar as bem-aventuranças.

---
[1] N.E.: Antiga medida de peso; moeda.

Na cura de enfermos ou de obsidiados, traça pontos de luz que clareiam a rota dos séculos, restaurando o corpo doente, sem olvidar o espírito imperecível.

Inspirados na Boa-Nova, escrevemos para você, leitor amigo, as páginas deste livro singelo.

Por que se manifestam os desencarnados, com tamanha insistência na Terra? Não teriam encontrado visões novas da vida que os desalojassem do mundo? — perguntará muita gente, surpreendendo-nos o esforço.

É que o túmulo não significa cessação de trabalho nem resposta definitiva aos nossos problemas.

É imprescindível agir, sempre a auxiliarmo-nos uns aos outros.

Conta-nos Longfellow[2] a história de um monge que passou muitos anos rogando uma visão do Cristo. Certa manhã, quando orava, viu Jesus ao seu lado e caiu de joelhos, em jubilosa adoração. No mesmo instante o sino do convento derramou-se em significativas badaladas. Era a hora de socorrer os doentes e aflitos, à porta da casa e, naquele momento, o trabalho lhe pertencia. O clérigo relutou, mas, com imenso esforço, levantou-se e foi cumprir as obrigações que lhe competiam. Serviu pacientemente ao povo, no grande portão do mosteiro, não obstante amargurado por haver interrompido a indefinível contemplação. Voltando, porém, à cela, após o dever cumprido, oh maravilha!, chorando e rindo de alegria, observou que o Senhor o aguardava no cubículo e, ajoelhando-se, de novo, no êxtase que o possuía, ouviu o Mestre que lhe disse, bondoso:

— Se houvesses permanecido aqui, eu teria fugido.

Assim, de nossa parte, dentro do ministério que hoje nos cabe, não nos é lícito desertar da luta, e sim cooperar, dentro dela, para a vitória do sumo Bem.

---

[2] N.E.: Henry Wadsworth Longfellow (1807–1882), poeta americano.

É por isso, leitor, que trazemos a você estas páginas despretensiosas, relacionando conclusões e observações dos nossos trabalhos e experiências.

Talvez sirvam, de algum modo, à sua jornada na Terra. Mas se houver alguma semelhança, entre estes pontos e contos com algum episódio de sua própria vida, acredite você que isso não passa de mera coincidência.

Irmão X
Pedro Leopoldo (MG), 3 de outubro de 1950.

~ 1 ~
O programa do Senhor

À frente da turba faminta, Jesus multiplicou os pães e os peixes, atendendo à necessidade dos circunstantes.

O fenômeno maravilhara.

O povo jazia entre o êxtase e o júbilo intraduzíveis.

Fora quinhoado por um sinal do Céu, maior que os de Moisés e Josué.

Frêmito de admiração e assombro dominava a massa compacta.

Relacionavam-se, ali, pessoas procedentes das regiões mais diversas.

Além dos peregrinos, em grande número, que se adensavam habitualmente ao redor do Senhor, buscando consolação e cura, mercadores da Idumeia, negociantes da Síria, soldados romanos e cameleiros do deserto ali se congregavam em multidão, na qual se destacavam as exclamações das mulheres e o choro das criancinhas.

O povo, convenientemente sentado na relva, recebia, com interjeições gratulatórias,[3] o saboroso pão que resultara do milagre sublime.

Água pura em grandes bilhas era servida, após o substancioso repasto, pelas mãos robustas e felizes dos apóstolos.

E Jesus, após renovar as promessas do Reino de Deus, de semblante melancólico e sereno contemplava os seguidores, da eminência do monte.

Semelhava-se, realmente, a um príncipe, materializado, de súbito, na Terra, pela suavidade que lhe transparecia da fronte excelsa, tocada pelo vento que soprava, de leve...

Expressões de júbilo eram ouvidas, aqui e ali.

Não fornecera Ele provas de inexcedível poder? Não era o maior de todos os profetas? Não seria o libertador da raça escolhida?

Recolhiam os discípulos a sobra abundante do inesperado banquete, quando Malebel, espadaúdo assessor da Justiça em Jerusalém, acercou-se do Mestre e clamou para a multidão haver encontrado o restaurador de Israel. Esclareceu que conviria receber-lhe as determinações, desde aquela hora inesquecível, e os ouvintes reergueram-se, à pressa, engrossando fileiras ao redor do Messias nazareno.

Jesus, em silêncio, esperou que alguém lhe endereçasse a palavra e, efetivamente, Malebel não se fez de rogado.

— Senhor — indagou, exultante —, és, em verdade, o arauto do novo Reino?

— Sim — respondeu o Cristo, sem titubear.

— Em que alicerces será estabelecida a nova ordem? — prosseguiu o oficial do Sinédrio, dilatando o diálogo.

— Em obrigações de trabalho para todos.

O interlocutor esfregou o sobrecenho com a mão direita, evidentemente inquieto, e continuou:

---

[3] N.E.: Congratular, felicitar.

— Instituir-se-á, porém, uma organização hierárquica?
— Como não? — acentuou o Mestre, sorrindo.
— Qual a função dos melhores?
— Melhorar os piores.
— E a ocupação dos mais inteligentes?
— Instruir os ignorantes.
— Senhor, e os bons? Que farão os homens bons, dentro do novo sistema?
— Ajudarão aos maus, a fim de que estes se façam igualmente bons.
— E o encargo dos ricos?
— Amparar os mais pobres para que também se enriqueçam de recursos e conhecimentos.
— Mestre — tornou Malebel, desapontado —, quem ditará semelhantes normas?
— O amor pelo sacrifício, que florescerá em obras de paz no caminho de todos.
— E quem fiscalizará o funcionamento do novo regime?
— A compreensão da responsabilidade em cada um de nós.
— Senhor, como tudo isto é estranho! — considerou o noviço, alarmado. — Desejarás dizer que o Reino diferente prescindirá de palácios, exércitos, prisões, impostos e castigos?
— Sim — aclarou Jesus, abertamente —, dispensará tudo isso e reclamará o espírito de renúncia, de serviço, de humildade, de paciência, de fraternidade, de sinceridade e, sobretudo, do amor de que somos credores, uns para com os outros, e a nossa vitória permanecerá muito mais na ação incessante do bem com o desprendimento da posse, na esfera de cada um, que nos próprios fundamentos da Justiça, até agora conhecidos no mundo.

    Nesse instante, justamente quando os doentes e os aleijados, os pobres e os aflitos desciam da colina tomados de intenso júbilo, Malebel, o destacado funcionário de Jerusalém, exibindo terrível máscara de sarcasmo na fisionomia dantes respeitosa, voltou as costas ao Senhor, e, acompanhado por algumas centenas de pessoas bem situadas na vida, deu-se pressa em retirar-se, proferindo frases de insulto e zombaria...

O milagre dos pães fora rapidamente esquecido, dando a entender que a memória funciona dificilmente nos estômagos cheios, e, se Jesus não quis perder o contato com a multidão, naquela hora célebre, foi obrigado a descer também.

~ 2 ~
A carta do mundo

Em todos os departamentos da Terra, reconhecemos a cooperação dos grandes missionários com a Sabedoria divina.

De época a época, de civilização a civilização, vemo-los, à maneira de abelhas laboriosas e felizes, retirando o mel da ciência nas flores maravilhosas da vida, esparsas no campo infinito da natureza.

O mundo sofria as calamidades mefíticas, mas a Medicina respeitável saneou o pântano e continua vencendo a enfermidade e a morte.

Vagueava a fome entre populações exaustas; todavia, o comércio esclarecido solucionou o problema doloroso.

Os perigos do mar afligiam os continentes, dificultando as comunicações; entretanto, o navio rápido venceu o dorso do abismo.

As sombras noturnas invadiam as cidades e os campos, desafiando as lanternas bruxuleantes; contudo, a lâmpada de Edison[4] resplandeceu, expulsando as trevas.

---

[4] N.E.: Thomas Alva Edison (1847–1931), inventor, cientista e empresário americano.

Moviam-se as máquinas primitivas, pesadamente, extorquindo copioso suor dos servos cativos; no entanto, a energia elétrica diminuiu os sacrifícios do braço escravizado.

Questões difíceis dos povos atormentavam as administrações nas metrópoles distantes entre si; mas o avião, qual poderosa ave metálica, cortou os céus, eliminando a separação.

A cultura exigia canais para beneficiar as mais diversas regiões do planeta e o rádio respondeu às reclamações, unindo os países uns aos outros.

Corações apartados no plano material padeciam angústias, sequiosos de intercâmbio, e o telefone, de algum modo, curou semelhante ansiedade.

Nos hospitais e nos lares, a dor física torturava milhões de sofredores; a anestesia, porém, aliviou-lhes o padecimento.

Em todos os ângulos da evolução terrestre, observamos o concurso dos apóstolos humanos nas edificações divinas. Transitam nas artes e nas ciências, no comércio e na indústria, no solo e nas águas, construindo, colaborando e melhorando, sob os desígnios superiores que nos assinalam os destinos.

Para quase todos os flagelos que atormentam a humanidade, encontraram lenitivo e socorro. Todavia, para um deles, todo o esforço tem sido vão. Monstro de mil tentáculos, envolve as criaturas desde o sílex, rastejando entre as nações cultas de hoje, como se arrastava entre as tribos selvagens de ontem. Envenena as fontes da mais adiantada cultura, turva a mente dos pensadores mais nobres, obscurece o sentimento dos mais fiéis mordomos da economia terrestre, investe as posições mais simples, tanto quanto as situações mais altas. Não reconhece a inteligência nem a sensibilidade; alimenta-se de ódio e ruínas, mastiga violência e morte em todas as latitudes do globo. Derruba templos e oficinas, lares e escolas, pratica ignominiosos crimes com assombrosa indiferença. Ri-se das lágrimas, espezinha ideais, tritura esperanças...

Esse é o monstro da guerra que asfixia a Europa e a América com a mesma força com que constringia a garganta do Egito e da Babilônia.

Por cercear-lhe a ação esmagadora organizam-se ligas e cruzadas, tratados e alianças em todos os tempos; improvisam-se conferências em Londres e Paris. Em Washington e Moscou, renova-se a geografia e modificam-se os sistemas políticos.

O flagelo, contudo, prossegue dominando, destruindo, esfrangalhando, matando...

Para extinguir-lhe a existência nefasta, só existe um recurso infalível — a aplicação dos princípios curativos e regeneradores do Médico divino. Esses princípios começam na humildade da manjedoura, com escalas pelo serviço ativo do Reino de Deus, com o auxílio fraterno aos semelhantes, com a adaptação à simplicidade e à verdade, com o perdão aos outros, com a cruz dos testemunhos pessoais, com a ressurreição do espírito, com o prosseguimento da obra redentora por meio da abnegação e da renúncia, da longanimidade e da perseverança, no bem até ao fim da luta, terminando na Jerusalém libertada, símbolo da humanidade redimida.

Será, todavia, remédio das nações, quando as almas houverem experimentado a sua essência divina.

Não é receituário atuando, problematicamente, de fora para dentro. É medicação viva, renovando de dentro para fora.

Não é demagogia religiosa. É vida permanente.

Não se trata de plataforma verbalista, e sim de transformação substancial.

Jesus encontrou os discípulos, um por um.

O indivíduo é coluna sagrada no templo do Cristianismo.

Negue cada qual a si mesmo — disse-nos o Mestre —, tome a sua cruz e siga-me.

Eis por que o Evangelho é a carta do mundo que glorificará a paz na Terra, depois de impressa no coração do homem.

~ 3 ~
Às portas celestes

O grupo de desencarnados errava nas esferas inferiores. Integravam-no alguns cristãos de escolas diversas, estranhando a indiferença do Céu... Onde os anjos e tronos, os arcanjos e gênios do paraíso, que não se aprestavam para recebê-los?
Ao redor, sempre a neblina espessa, a penumbra indefinível. Onde o refúgio da paz, o asilo de recompensa?
Longos dias de aflição, em jornadas angustiosas...
Depois da surpresa, a revolta; após a revolta, a queixa. Finda a queixa, veio o sofrimento construtivo e com esse surgiu a prece.
Em seguida à oração, eis que aparece a resposta. Iluminado mensageiro, em vestidura resplandecente, desafia a sombra da planície, fazendo-se visível em alto cume.
Prosternam-se os peregrinos à pressa. Seria o próprio Jesus? Não seria?
Ante a perturbação que os acometera, o emissário tomou a palavra e esclareceu, fraterno:

— Paz em nome do Senhor, a quem endereçastes vosso apelo. Vossas súplicas foram ouvidas. Que desejais?
— Anjo celeste — falou um deles —, pois não vês?!... Estamos rotos, exaustos, vencidos, nós, que fomos crentes fervorosos no mundo. Onde se encontra o Redentor que não nos salva? O Príncipe da luz, que nos deixa em plena treva? Que desejamos? Nada mais que o prêmio da luta...
Não pôde prosseguir. Ondas de lágrimas invadiram-lhe os olhos, sufocando-lhe a garganta e contagiando os companheiros que se desfizeram em pranto dorido.

O preposto do Cristo, contudo, manteve-se imperturbável e considerou:
— A Justiça divina nunca falhou no universo.
— Ah! mas nós sofremos — replicou o interlocutor aliviado — e certamente somos vítimas de algum esquecimento que esperamos seja reparado.

O ministro de Jesus não se deixou impressionar e voltou a dizer:
— Vejamos. Respondei-me em sã consciência: Quando encarnados, amastes a Deus, sobre todas as coisas, com toda a alma e entendimento?

Se estivessem à frente de autoridade comum, provavelmente os interpelados buscariam tergiversar, fugindo à verdade. A Luz divina do emissário, porém, penetrava-lhes o âmago do ser. Decorrido um instante de pesada expectação, informaram todos a um só tempo:
— Não.

O Anjo continuou:
— Considerastes os interesses do próximo como se vos pertencessem?

Novo momento de luta íntima e nova resposta sincera:
— Não.
— Negastes a personalidade egoística, suportastes vossa cruz e seguistes o Mestre?

— Não.
— Colocastes a vontade divina acima de vossos desejos?
— Não.
— Fizestes brilhar em vós, na Terra, a luz que o Céu vos conferiu?
— Não.
— Auxiliastes vossos inimigos, orastes pelos que vos perseguiram, ministrastes o bem aos que vos caluniaram e dilaceraram?
— Não.
— Perdoastes setenta vezes sete vezes?
— Não.
— Fostes fiéis ao Pai até ao fim?
— Não.
— Vencestes os dragões da discórdia e da vaidade?
— Não.
— Carregastes as cargas uns dos outros?
— Não.

O mensageiro fixou benevolente gesto com as mãos e, mostrando olhar mais doce, observou, depois de comprida pausa:
— Se em dez das lições do divino Mestre não aprendestes nenhuma, com que direito invocais o seu nome? Acreditais, porventura, que Ele nos tenha ensinado algo em vão?

Os infortunados puseram-se a chorar com mais força, e um deles objetou:
— Que será de nós? Quem nos socorrerá se tínhamos crença verdadeira?!...
— Sim — tornou o representante do Cristo —, não contesto. Entretanto, como interpretar o possuidor do bom livro que nunca lhe examinou as páginas? Como definir o aluno que gastou possibilidades e tempo da escola, sem jamais aplicar as lições no terreno prático?
— Oh! anjo bom, contudo, nós já morremos na Terra!... — acrescentou a voz triste do irmão desencantado, entre a aflição e a amargura.

O mensageiro, porém, rematou com serenidade:

— Diariamente, milhões de almas humanas abandonam a carne e tornam a ela, no aprendizado da verdadeira vida. Quem morre no mundo grosseiro, perde apenas a forma efêmera. O que importa no plano espiritual não é o "interromper" ou o "recomeçar" da experiência, e sim a iluminação duradoura para a vida imortal. Não percais tempo, buscando novos programas, quando nem mesmo iniciastes a execução dos velhos ensinamentos. Aprendiz algum tem o direito de invocar a presença do Mestre, de novo, antes de atender às lições anteriormente indicadas. Voltai e aprendei! Não existe outro caminho para a distração voluntária.

Nesse mesmo instante, o enviado tornou ao plano de onde viera, enquanto os peregrinos, ao invés de prosseguirem viagem para mais alto, obedeciam ao impulso irresistível que os conduzia para mais baixo.

～ 4 ～
Em sessão prática

A situação no grupo doutrinário apresentava anormalidades significativas. Desentendiam-se os companheiros entre si. Olvidando obrigações respeitáveis, confiavam-se a críticas acerbas. Acentuavam-se hostilidades mal disfarçadas de cizânia, orientadas pela incompreensão. Ninguém se lembrava daquele humilde e divino servidor que lavara os pés dos próprios companheiros. Cada aprendiz da comunidade chamava a si a posição de comando e o direito de julgar asperamente.

Debalde os mentores espirituais da casa convidavam à ponderação e ao entendimento recíproco.

Os operários descuidados recebiam-lhes as palavras, sem maior atenção pelas advertências educativas.

É que Cláudio e Elias, os dois abnegados diretores invisíveis do agrupamento, não se inclinavam a exortações contundentes.

Entre os desencarnados de nobre estirpe, há também fidalguia, cavalheirismo e gentileza e, na opinião deles, não deviam tratar os irmãos de trabalho como se fossem crianças inconscientes.

Certa noite em que as vibrações antagônicas se fizeram mais fortes, anulando os melhores esforços no campo da espiritualidade edificante, Elias dirigiu-se a Cláudio, sugerindo, esperançoso:

— Creio de grande eficácia a visita de alguns sofredores ao núcleo dos nossos amigos encarnados. Poderiam assim observar, de perto, os efeitos escuros da vaidade e da indisciplina. Amanhã, teremos sessão prática, de há muito tempo esperada, e admito a oportunidade de semelhante lição.

— Excelente medida! — exclamou o colega, satisfeito — não seria razoável recordar obrigações comuns, de modo direto, a cooperadores nossos que estudam o Evangelho todos os dias. Afinal de contas, não obstante mergulhados na carne, possuem tantos deveres para com Jesus quanto nós, e, se já receberam inúmeras mensagens sobre as necessidades de ordem e concurso fraterno, como insistir com eles no serviço a fazer? O alvitre é, portanto, providencial. Traremos à reunião alguns infelizes, desviados da reta conduta. Observando-lhes os padecimentos, é provável que sintam a lição, com segurança, tornando aos rumos legítimos...

Com efeito, na noite imediata, duas entidades perturbadas foram trazidas à sessão.

Mais de trinta frequentadores passaram a ouvir a palestra dolorosa.

O doutrinador Silvério Matoso fazia paciente esforço para acalmar os desventurados que choravam ruidosamente, por meio das organizações mediúnicas.

— Desgraçado de mim! — comentava um deles. — Sou um réprobo,[5] amaldiçoado de todos! Onde o meu equilíbrio? Perdi tudo... Não tenho recursos para a locomoção, quanto antigamente!... Vivo no seio de tempestade sem bonança...

Enquanto as lágrimas lhe corriam, copiosas, da face, clamava o outro:

---
[5] N.E.: Que ou aquele que foi banido da sociedade; malvado, detestado, infame.

— Que será de mim, relegado às trevas? Para onde se foram os miseráveis que me ataram ao poste do martírio? Malditos sejam!...

Acostumado à doutrinação, Matoso dizia, fraternalmente:

— Meus amigos, abstende-vos da desesperação e da revolta! Confiemos no divino Poder!

Inspirado diretamente por Elias, o benfeitor espiritual que se esforçava intensamente por gravar a lição da hora, prosseguia, enérgico:

— Viveis presentemente as realidades da alma. Notastes agora que o relaxamento interior no mundo ocasiona grandes males. Desditosos todos aqueles que conhecem o bem e não o praticam! Desventurados os rebeldes, os hipócritas e os indiferentes, porque a morte do corpo revela a verdade pura, e as almas transviadas não encontram senão abismos e trevas, lágrimas e tormentos. Jesus, porém, é a fonte inesgotável das bênçãos de paz renovadora. Tende calma e esperança!...

— Sou, todavia, um infame — soluçava uma das entidades comunicantes —, repetidamente escutei palavras da fé santificante e do bem salvador, mas nunca cedi a ninguém. Quis viver as minhas fraquezas, alimentá-las e defendê-las com todas as forças. Nunca ponderei, intimamente, quanto às realidades eternas. Ao alcance de meu coração, fluíam ensinamentos e socorros de toda sorte. Fui muita vez convidado ao Evangelho do Cristo; entretanto, zombei de todas as oportunidades de renovação espiritual. Considerava meus melhores amigos, no capítulo da religião, tão egoístas e mentirosos quanto eu mesmo. Agora... quantas lágrimas devo chorar, eu que desprezei a paz divina e preferi as vibrações infernais?

— E eu? — exclamava o mais revoltado. — Poderá haver trevas mais densas que as minhas? Haverá dor maior que esta a devastar-me? Sinto-me desequilibrado, sem direção... Um náufrago perdido no abismo é mais feliz que eu... Rodeiam-me quadros de horror... Experimento fogo e gelo ao mesmo tempo... Podereis, acaso, compreender-me, a mim que penetrei o vale fundo da desgraça?!...

Matoso, porém, orientado espiritualmente por Elias, interferiu, solícito:

— Olvidai, meus irmãos, as algemas da vida material e ligai-vos ao Senhor pelo coração. É indispensável extirpar a raiz dos enganos adquiridos na Terra! A vida não se resume a impressões físicas, a fantasia corporal; é vibração da eternidade, da divina eternidade! Acalmai os sentimentos em desequilíbrio para recolherdes a dádiva dos conhecimentos superiores. Esquecei o mal, tornai ao caminho reto! Atravessais, agora, a zona escura das consequências do erro. É necessário renovar as próprias forças, a fim de reacenderdes a lâmpada da fé.

Nessa diapasão, Matoso, devagarzinho, convenceu as pobres almas desiludidas e desesperadas. Exaltou a necessidade de disciplina, com a desistência do egoísmo e da vaidade, azorragando os maus costumes e os vícios vulgares.

Em terminando a longa palestra, ambos os comunicantes se revelavam diferentes. Despediram-se, revestidos de coragem, esperança e bom ânimo.

A assembleia de ouvintes encarnados mantinha-se sob forte impressão e, entre os invisíveis, Elias e Cláudio aguardavam, ansiosos, a colheita de ensinamentos.

Teriam os circunstantes compreendido que as lições se destinavam a eles mesmos? Que ainda se encontravam na carne, com sublimes oportunidades em mão? Guardariam as experiências ouvidas? Ponderariam sobre as lutas que aguardam os rixosos e improvidentes, além do túmulo? Modificariam as diretrizes?

Ambos os orientadores, benevolentes e sábios, esperavam a manifestação dos amigos, por identificarem o aproveitamento havido, quando a senhora Costa quebrou o silêncio, murmurando:

— Viram vocês quanta dureza e intransigência?
— É... é... — comentou o velho Silva Torres — pregam eles numerosas peças neste mundo para chorarem no outro...
— E nós, os médiuns — acrescentou dona Segismunda Fernandes —, devemos suportar semelhantes Espíritos como se fôssemos caixas de pancada.
— Esses infelizes não chegaram a ser identificados — observou Alberto Lima, um dos companheiros mais entusiastas do núcleo —, e foi pena. Pareciam muito cultos e, sobremaneira, versados em matéria religiosa.
— Notei, porém — aduziu outro confrade —, que se não fora a palavra convincente de Matoso teríamos sofrido desastre. Tenho a ideia de que tratamos com entidades não somente sofredoras, mas igualmente perversas.

E o próprio doutrinador da casa, que recebera a inspiração brilhante de Elias, partilhando a conversação, afiançou, contente:
— Em suma, estou satisfeito. Guardo a convicção de que esses desventurados integram a falange perturbadora que me persegue o lar.

Elias e Cláudio, invisíveis ao raio de observação comum, entreolhavam-se com indizível desapontamento.

Os companheiros encarnados mantinham-se prontos para o comentário cintilante e vivo. Qualificavam os comunicantes, queixavam-se dos sacrifícios a que eram obrigados por semelhantes visitas, reclamavam-lhes a ficha individual, situavam-nos entre os verdugos da vida privada; todavia, não houve um só que entendesse a lição legítima da noite, nela reconhecendo uma advertência do Alto para reajustamento de roteiro, enquanto era tempo.

Ninguém percebeu que, doutrinando os Espíritos, o grupo estava sendo igualmente doutrinado.

5
O testemunho

Um santo homem repousava, junto a velho poço, em Cesareia, quando se aproximaram dele alguns jovens aprendizes do Evangelho, rogando-lhe esclarecimentos sobre o testemunho a que se referem todos os orientadores da virtude cristã, na preparação espiritual.

O ancião fez um gesto de bênção e falou sem preâmbulos:

— Um devotado judeu convertido à Boa-Nova resolveu transportar a palavra do Senhor para certa comunidade rural da antiga Fenícia, onde residia, no intuito de guiar corações amigos, das trevas para a luz.

"Inflamado de entusiasmo, saiu de Jerusalém para a nova pátria que adotara, após recolher os ensinamentos do Messias, por meio dos apóstolos, em ambiente familiar.

"Mente modificada e coração refeito, passou a ensinar as verdades novas, sem perder o calor da fé, ante a gelada indiferença de velhos companheiros de luta.

"Ninguém queria saber de perdoar inimigos ou auxiliá-los e muito menos de lançar mão dos próprios haveres em favor da fraternidade e, por isto, o pobre doutrinador foi insultado e apedrejado em praça pública.

"Decorrido longo tempo de esforço inútil, deliberou transferir-se para aldeia próspera, situada às margens do Eufrates, onde contava com diversos amigos, e pôs-se a caminho, sem vacilar.

"Seguia estrada afora, de pensamento voltado para o céu todo azul e ouro, agradecendo ao Mestre a bênção das flores e das brisas que lhe adocicava a marcha, quando, a certa altura de zona pantanosa, surpreendeu ardiloso crocodilo que, sorrateiro e voraz, rastejava ao seu encontro.

"Compreendeu a extensão do perigo e tentou evitá-lo.

"Recuou, instintivamente; todavia, dois temíveis animais da mesma espécie buscavam atacá-lo pela retaguarda.

"Sabia que, não longe, existia pequena cabana a que poderia abrigar-se e deu-se pressa em alcançá-la; atingindo-a, porém, reparou, surpreendido, que a choça fora incendiada por anônimo delinquente.

"Procurou a margem de grande canal próximo, onde pequena ponte lhe proporcionaria passagem para outro lado da região; entretanto, a ponte rústica fora arrebatada por inundações recentes.

"A esse tempo, outros crocodilos se haviam agregado aos três primeiros, e o viajor, apavorado, no intuito de preservar-se, encaminhou-se para uma cova antiga não muito distante; contudo, ao abordá-la, notou que enorme serpente lhe ocupava o fundo, apresentando-lhe agressiva cabeça.

"Atordoado, dirigiu-se para duas árvores aparentemente vigorosas e tentou escapar, através de uma delas, mas, em poucos segundos, o vegetal tombou fragorosamente, restituindo-o ao chão; escalou a segunda e repetiu-se a experiência. As raízes haviam sido destruídas por vermes invasores.

"Lembrou-se o convertido de certo montículo de pedras e, concluindo que algo devia possuir para defender-se convenientemente, correu a buscá-lo; no entanto, somente encontrou sinais de trabalhadores que, sem dúvida, as teriam transportado para alguma construção das adjacências.

"Ávido, buscou algum elemento para a defensiva natural; todavia, o terreno fora lavado por chuvas copiosas e não viu sequer a mais leve acha de lenha.

"Desacoroçoado, subiu pequena eminência, com a intenção de despejar-se em algum vale, mas, alcançando o topo, descortinou simplesmente o abismo e compreendeu que o abismo significava a morte.

"Então, aquele homem, que tanto se torturara, fitou o céu, ajoelhou-se e, ante as feras que se aproximavam, clamou, confiante:

"'Mestre, cumpram-se no escravo os desígnios do Senhor!'.

"Nesse ponto da experiência, o discípulo, espantado, lobrigou tênue neblina, da qual, numa reduzida fração de minuto, emergiu o próprio Jesus, radiante e belo, que lhe disse, bondoso:

"'Não temas! Estou aqui. A minha graça te basta'.

"Forte ventania soprou, célere, e os ferozes sáurios recuaram assombrados".

O narrador fez demorada pausa e concluiu:

— Todos os seguidores do Senhor encontrarão adversários na senda de purificação... Quanto mais adiantado o curso em que se encontram, maior é o número de testemunhos e de lições, porque as dificuldades, obstáculos, perseguições e incompreensões são sempre feras simbólicas. Há discípulos que encontram um crocodilo por ano, outros recebem um crocodilo mensal ou semanal e muitos existem que são defrontados por uma romaria de crocodilos de hora em hora, dependendo as experiências do avanço levado a efeito... Nesses momentos preciosos e importantes, contudo, não vale qualquer recurso à proteção das forças exteriores, porque, na escola divina da ascensão, cada aprendiz deverá encontrar o socorro, a resposta ou a solução dentro de si mesmo.

E antes que os jovens formulassem as novas indagações que lhes assomavam à boca, o velhinho ergueu-se, arrimou-se a humilde bordão, despediu-se e seguiu para a frente...

~ 6 ~
O doente grave

Uma alma atormentada de mãe, conduzida ao Céu, nas asas blandiciosas do sono, esbarrou ante as resplandecentes visões do paraíso.

Um Anjo solícito recebeu-a no pórtico.

— Anjo amigo — disse ela em voz súplice —, sou mãe na Terra e tenho dois filhos. Rogo para ambos as bênçãos de Deus, generosas e augustas.

O mensageiro anotou as petições e, observando-lhe o desvelo fraternal, a mulher aflita acrescentou, ansiosamente:

— Venho até aqui pedir, em particular, por um deles que, desde muito tempo, se encontra gravemente enfermo, entre a morte e a vida. Todo o meu carinho, todos os recursos médicos têm sido ineficazes. Não posso tolerar, por mais tempo, as lágrimas dolorosas que me afligem o coração. Digne-se o Todo-Poderoso, por vosso intermédio, conceder-me a graça de vê-lo restituído à saúde.

O emissário das esferas superiores pensou um instante e interrogou:

— Qual de teus dois filhos se encontra mais unido a Deus?
— Meu pobre filhinho doente — respondeu a recém-chegada —, pois que medita na grandeza do Pai celeste, dia e noite. É com o seu nome que se submete aos remédios amargos e é esperando no Senhor que vê despontar cada aurora. No sofrimento que lhe desintegra as forças, dirige-se ao Céu com tamanho fervor que se lhe pressente, de maneira inequívoca, a ligação com o Pai amoroso e invisível.
— E o outro? — indagou o mensageiro divino.
— Esse — esclareceu a pedinte, um tanto confundida, qual se lhe fora impossível dissimular —, é um homem feliz nos negócios do mundo. Como é favorecido da sorte, parece não sentir necessidade de procurar o socorro da Providência divina...
— Qual deles entende a sublime significação do trabalho? — interpelou o emissário novamente.
— O enfermo, atirado à imobilidade, guarda profunda compreensão com respeito às virtudes excelsas do espírito de serviço. Refere-se, constantemente, aos bens do esforço e edifica quantos lhe ouvem a palavra, tocada de dolorosas experiências.
— E o outro?
— Talvez pelo gênero de vida a que se consagra, deixou de ver as belezas da ação própria. Dispondo de muitos servidores, descansa nos trabalhos alheios. Não conhece o radioso convite da manhã, porque se levanta do leito demasiado tarde, nos hotéis de luxo, e permanece estranho às bênçãos da noite, uma vez que o corpo, saciado em mesas opíparas[6] e extravagantes, não lhe confere oportunidade de sentir as sugestões santificadoras da natureza.
— Qual deles percebe o imperativo de confraternização com os homens, nossos irmãos? — tornou o mensageiro sorrindo, bondoso.

---

[6] N.E.: Abundantes, fartas.

— O que está preso à enfermidade angustiosa recebe os amigos de qualquer posição social, com indisfarçável reconhecimento. Recolhe as expressões de carinho com lágrimas de alegria a lhe saltarem dos olhos. Emociona-se com a menor gentileza de que é objeto e parece deter, agora, um laço de amor forte e sincero, mesmo para com aqueles que, em outro tempo, lhe foram inimigos ou perseguidores.

— E o outro?

— Os favores do mundo — comentou nobremente a palavra maternal — isolam-lhe a personalidade, a distância dos júbilos domésticos, em rodas restritas e fantasiosas ou nas regiões elegantes, onde rolem fortunas iguais à dele. Assediado pelos empenhos do mundo social, cujas ideias se modificam à feição do vento, nunca encontra tempo necessário para sondar os sentimentos afetivos dos companheiros que o Céu lhe enviou à senda comum.

O Anjo atento passou a refletir, com grande interesse, e arguiu, de novo:

— Para qual deles rogas a bênção de Deus, em particular?

— Em favor do pobrezinho que agoniza no leito — informou a ternura materna.

O enviado da Providência fixou-a com extrema bondade e concluiu, com sabedoria:

— Volta à Terra e reconsidera as atitudes do teu carinho! O enfermo do corpo vai muito bem; já entende a necessidade de união com o divino Pai e o que distingue, em verdade, os homens uns dos outros é o grau de suas relações com a vida mais alta. Renova, pois, os votos de tuas preces ardentes, porque o doente grave é o outro.

~ 7 ~
O acidente providencial

Martinho Sousa era rapaz inteligente, muito culto, mas excessivamente confiado a ideias fixas.

Após firmar esse ou aquele ponto de vista, não cedia a ninguém no campo da opinião. Renovava os pareceres que lhe eram peculiares somente à força de fatos e, assim mesmo, apenas quando os acontecimentos lhe ferissem os olhos. Declarava-se absoluto nas interpretações e, rebelde, brandia pesada argumentação sobre quantos lhe não aderissem ao modo de ver.

Dentro de semelhantes características, foi colhido na trama sutil de terrível obsessão.

A influenciação deprimente das entidades infelizes envolveu-lhe o campo mental em rede extensa de vibrações perturbadoras. E o desequilíbrio psíquico progrediu singularmente, senhoreando-lhe o sistema nervoso.

O desventurado amigo começou por abandonar o trabalho diuturno, recolhendo-se ao ambiente doméstico, onde se consagrou ao exame particularizado do próprio caso, enquanto se alarmavam a esposa e os filhos pequeninos do casal...

Martinho alimentava conversações estranhas, gesticulava a esmo, esbugalhava os olhos como se fixasse horrendas paisagens, dominado de incoercível pavor.

Não chegava a identificar as sombras que o cercavam, ameaçadoras e inflexíveis na perseguição sem tréguas; no entanto, assinalava-lhes a presença e captava-lhes os pensamentos sinistros, em forma de cruéis sugestões.

Atacado de insônia insistente, não se aquietava senão durante alguns minutos, pela madrugada, para o descanso corporal, gastando as horas em movimentação anormal e excitante, através dos aposentos, do jardim e do quintal, errando sempre, obcecado por invisíveis malfeitores.

De quando em quando, alguém comentava a situação, convidando-o a estudar a suposta enfermidade à luz do Espiritismo renovador, mas o teimoso doente se retraía nas interpretações científicas.

Tratava-se, dizia ele convicto, de choques sucessivos no sistema nervoso, agravados por uma avitaminose significativa. Além disso, acrescentava, padecia enorme deficiência no pâncreas. Não se lhe processava a nutrição com a regularidade devida e via-se esgotado em vista da assimilação imperfeita.

Os companheiros de luta, interessados em seu bem-estar, não conseguiam demovê-lo.

O obsidiado tecia longas considerações de natureza técnica e relacionava diagnósticos complicados.

Lia, atencioso, as anotações médicas, referentemente aos sintomas que lhe diziam respeito e, para refutar os amigos, trazia à conversação, exasperado e irritadiço, textos e gravuras de natureza científica para exaltar os próprios males. Agravava-se-lhe o tormento dia a dia.

Assim, atingira Martinho perigosa posição mental.

Os adversários de sua paz subtraíram-no, quase totalmente, à alimentação e acentuaram-lhe as preocupações na vigília enfermiça.

Horas a fio mantinha-se na estranha contemplação de paisagens horríveis, na tela escura do pensamento atormentado.

Piorando-se-lhe a situação, os benfeitores espirituais, que por ele se interessavam, multiplicaram recursos de salvação, mobilizando novos colaboradores encarnados, de maneira indireta, que passaram a visitar o enfermo por verdadeiros emissários da solução indispensável.

Eram portadores de consolação, remédio, esclarecimento e luz; entretanto, o doente não se abria ao socorro que se lhe dispensava.

Bastaria escutar calmamente a leitura de algumas páginas espiritualizantes e encontraria em si mesmo o recurso à reação; todavia, negava-se ele, impaciente e menos delicado.

— Influências de ordem psíquica? — indagava, exaltado, aos visitantes — é rematada maluquice de vocês. Sou vítima de exaustão geral por falta de suprimento vitaminoso adequado. Estou arrasado. Tenho o fígado apático, os rins intoxicados e os intestinos inertes...

E estendendo o braço magríssimo na direção dum velhinho prestimoso que o visitava com frequência, exclamava, estentórico:

— E o senhor, "seu" Luís, ainda me vem falar de atuação do outro mundo?! Não será ironia de sua parte?

Silenciavam os circunstantes, desapontados.

Luís Vilela, o ancião citado nominalmente pelo enfermo, traduzindo o pensamento de abnegados mentores invisíveis, retrucava sem irritação:

— Deveria você, Martinho, acalmar-se convenientemente para o exame das necessidades próprias. Como julgar, com tanto rigor, princípios edificantes e curativos que você absolutamente não conhece? Não devemos condenar sem base firme. Não sabe a quantos distúrbios pode ser conduzido um homem sob perseguições ocultas. Sei que o seu estado de agora impede a leitura meditada; entretanto, proponho-me a ler para os seus ouvidos e a prestar os esclarecimentos que se fizerem indispensáveis. Creio aprenderá você, desse modo, a consolidar as próprias energias e a refletir com mais clareza, repelindo as sugestões inferiores, mesmo porque, meu amigo, em qualquer processo de remediar a saúde do corpo, é imperioso sanear a mente.

O rebelde obsidiado, porém, não atendia. Não se detinha convenientemente nem mesmo para registrar as considerações de ordem afetiva. Andava, nervosamente, dum lado para outro, torcendo as mãos ou gesticulando sem propósito, gritando blasfêmias e queixas. Não aparecia recurso com que se pudesse sossegá-lo no leito.

Quase desalentados, consultavam-se os amigos entre si.

E não só no círculo dos encarnados sobravam as preocupações. Os enfermeiros espirituais partilhavam aflições e receios. Martinho não oferecia campo adequado ao entendimento e, por essa razão, os algozes intangíveis ganhavam terreno franco.

Prosseguia o perigoso impasse, quando, certa noite, um dos verdugos sugeriu ao doente a ideia de galgar a velha mangueira do quintal, no sentido de respirar atmosfera mais pura.

O doente assimilou a ideia, encantado, sem perceber que o inimigo intentava precipitá-lo ao solo, em queda espetacular.

Recebeu o alvitre capcioso e gostou.

Aguardaria as primeiras horas da madrugada, quando a pequena família descansasse nos domínios do sono. Procuraria o ar rarefeito na copa da árvore antiga. Possivelmente conquistaria forças novas ao contato das mais altas correntes atmosféricas.

Reconhecendo-lhe a disposição firme na execução do projeto, alguns colaboradores espirituais buscaram o diretor de suas atividades, a fim de traçarem normas para socorro urgente.

O chefe, contudo, ponderou, muito calmo:

— Não podemos violentar o nosso Martinho no que se reporta à preferência individual. Se ele estima a orientação dos que lhe tramam a perda, como evitar que sofra as consequências justas? Deixemo-lo confiar-se à dolorosa prova. Talvez esteja dentro dela a chave da solução que ambicionamos.

Efetivamente, ao raiar do dia, o enfermo sofreu desastrosa queda de grande altura, após escalar, facilmente, a velha mangueira escorregadia e muito alta.

Aos gritos de dor, foi socorrido pelos familiares e companheiros inquietos. Em seguida, veio o médico que o amarrou no leito para a restauração de ambas as pernas quebradas.

Foi então que Martinho Sousa, imobilizado no gesso, pôde ouvir a leitura reconfortante de Luís Vilela, partilhar os serviços de oração e receber passes curativos, libertando-se da obsessão terrível e insidiosa.

Transcorridas algumas semanas, quando conseguiu locomover-se, era outro homem. Sua queda da mangueira fora o remédio providencial.

~ 8 ~
A maior dádiva

Na assembleia luzida do Templo de Jerusalém, os descendentes do povo escolhido exibiam generosidade invulgar à frente da preciosa arca de contribuições públicas.

Todos traziam algum tributo de consideração ao Santo dos Santos, cada qual mostrando a liberalidade da fé.

Vestes de linho e valiosas peles, enfeites dourados e aromas indefiníveis impunham, ali, deliciosas impressões aos sentidos.

Os fariseus, sobretudo, demonstravam apurado zelo no culto externo, destacando-se pela beleza das túnicas e pelos ricos presentes ao santuário.

Jesus e alguns discípulos, de passagem, acompanhavam as manifestações populares, com justificado interesse. E Judas, entre eles, empolgado pelo volume das oferendas, abeirava-se do cofre aberto, seguindo os menores movimentos dos doadores, com a cobiça flamejante no olhar.

A certa altura, aproximou-se do Messias e informou-o:

— Mestre, Jeroboão, o negociante de tapetes, entregou vinte peças de ouro!...

— Abençoado seja Jeroboão — acentuou Jesus, sereno —, porque conseguiu renunciar a excesso apreciável, evitando talvez pesados desgostos. O dinheiro demasiado, quando não se escora no serviço aos semelhantes, é perigoso tirano da alma.

O discípulo voltou ao posto de observação, com indisfarçável desapontamento, mas, decorridos alguns instantes, reapareceu, notificando:

— Zacarias, o velho perfumista, sentindo-se enfermo e no fim dos seus dias, trouxe cem peças!...

— Bem-aventurado seja ele — disse o Cristo, em tom significativo —, mais vale confiar a fortuna aos movimentos da fé que legá-la a parentes ambiciosos e ingratos... Zacarias prestou incalculável benefício a ele mesmo.

Judas tornou, de moto próprio, à fiscalização para comunicar, logo após, ao grupo galileu:

— A viúva de Cam, o mercador de cavalos que faleceu recentemente, acaba de entregar todo o dinheiro que recebeu dos romanos pela venda de grande partida de animais.

E, baixando o tom de voz, completava, cauteloso, o apontamento:

— Dizem por aí que alguns centuriões planejavam roubar-lhe os bens...

Jesus sorriu e considerou:

— Muitos recursos amontoados sem proveito provocam as sugestões do mal. Feliz dela que soube preservar-se contra os malfeitores.

O aprendiz curioso regressou à posição e retornou, loquaz:

— Mestre, Efraim, o levita de Cesareia, entregou duzentas moedas! Duzentas!...

— Bem-aventurado seja Efraim — falou o Amigo divino, sem afetação —, é grande virtude saber dar o que sobra, em meio

de tantos avarentos que se rejubilam à mesa, olvidando os infelizes que não dispõem de uma côdea de pão!...
Nesse instante, penetrou o Templo uma viúva paupérrima, a julgar pela simplicidade com que se apresentava.

Diante do sorriso sarcástico de Judas, o Senhor acompanhou-a, de perto, no que foi seguido pelos demais companheiros.

A mulher humilde orou e apresentou duas moedinhas ao fausto religioso do santuário célebre.

Muitos circunstantes riram-se, irônicos, mas Jesus apressou-se a esclarecer:

— Em verdade, esta pobre viúva deu mais que todos os poderosos aqui reunidos, porquanto não vacilou em confiar ao Templo quanto possuía para o sustento próprio.

A observação caridosa e bela congelou a crítica reinante.

Pouco a pouco, o recinto enorme tornou à calma.

Israelitas nobres e sem nome abandonaram, rumorosamente, o domicílio da fé.

Jesus e os apóstolos foram os derradeiros na retirada.

Quando se dispunham a deixar a enorme sala vazia, eis que uma escrava de rosto avelhentado[7] e passos vacilantes surgiu no limiar para atender à limpeza.

Movimenta-se em minutos rápidos.

Aqui, recolhe flores esmagadas, além, absorve em panos úmidos os detritos deixados por enfermos descuidados.

Tem um sorriso nos lábios e a paciência no olhar, brunindo o piso em silêncio, para que o ar se purificasse na sublime residência da Lei.

Pedro, agora a sós com o Messias, ainda impressionado com as lições recebidas, ousou interrogar:

— Senhor, foi então a viúva pobre a maior doadora no Templo de nosso Pai?

---

[7] N.E.: Cujo aspecto é ou está envelhecido.

— Realmente — elucidou Jesus, em tom fraterno —, a viúva deu muitíssimo, porque, enquanto os grandes senhores aqui testemunharam a própria vaidade, com inteligência, desfazendo-se de bens que só lhes constituíam embaraço à tranquilidade futura, ela entregou ao Todo-Poderoso aquilo que significava alimento para o próprio corpo...

Em seguida a leve pausa, apontou com o indicador a serva anônima que se incumbia da limpeza sacrificial e concluiu:

— A maior benfeitora para Deus, aqui, no entanto, ainda não é a viúva humilde que se desfez do pão de um momento... É aquela mulher dobrada de trabalho, frágil e macilenta, que está fornecendo à grandeza do Templo o seu próprio suor.

~ 9 ~
Surpresa em sessão

Aquela mania de Aguinaldo Limeira raiava pela imprudência incompreensível.

Estimava o serviço de doutrinação aos desencarnados, era de uma pontualidade notável às reuniões, contribuía de boa vontade nos serviços de assistência, mas, no trato com o invisível, não era bastante cauteloso nas conversações.

Cultivava especialmente as sessões práticas, dedicadas às entidades sofredoras e ignorantes, mas preferia realizá-las com grande público, junto do qual se esmerava em demonstrar o verbo enérgico e veemente.

Não se sentia satisfeito por mostrar o caminho ao desviado, dar pão espiritual ao faminto de luz, remédio à alma enferma.

Aguinaldo multiplicava perguntas e exigências.

Consolava, sem dúvida, e, na qualidade de trabalhador sincero, espalhava muitos bens; entretanto, dava-se a longas conversas para estabelecer a procedência dos comunicantes.

Por vezes, as entidades em luta, por motivo de padecimentos incríveis, não podiam prestar esclarecimentos minuciosos, mas o doutrinador reclamava, rogava, insistia. Quanto mais conhecido o Espírito visitante, mais se desmanchava Limeira nas indagações ociosas. Quando arrancava certas declarações tristes, parecia alegrar-se como o caçador viciado quando apanha a presa, e, a pretexto de identificar as almas sofredoras, tendia, sem perceber, para a falta de caridade.

De quando em quando, o respeitável orientador espiritual do grupo utilizava o médium Silvares e esclarecia, de maneira direta:

— Aguinaldo, meu amigo, tem cautela no campo da identificação dos invisíveis. Se o necessitado bate à porta, atendamos sem muitas interrogações. Que adianta minudenciar a situação de pobres irmãos nossos, ignorantes e sofredores? Em muitas ocasiões, qual acontece aos doentes graves da Terra, também os desencarnados em desequilíbrio não trazem a memória muito clara, perturbados nas inquietações que lhes povoam a mente. Dá-lhes o pão do Cristo e deixa-os passar. Obrigá-los a pormenores informativos, quanto à paisagem que lhes é própria, é intensificar-lhes a dolorosa humilhação. Seria crueldade pedir aos agonizantes certos esclarecimentos de que devem estar seguros aqueles que os assistem. Além do mais, os que ensinam e doutrinam estão sempre criando imagens mentais diferentes naqueles que ouvem e aprendem, e torna-se indispensável não esquecer que tens numeroso público visível e invisível. A indagação descabida, por vezes, se ajusta à pretensão científica na pesquisa intelectual, mas aqui, meu amigo, estamos num serviço de iluminação do espírito para a melhoria do sentimento. Não te transformes de missionário do bem no advogado de acusação. Pede ao Mestre divino te esclareça o entendimento!

Limeira ouvia, mas não ponderava.

Na sessão imediata, referia-se ao trabalho indagador dos estudiosos eminentes do Espiritismo científico, e, quando algum pobre necessitado se fazia sentir, iniciava o interrogatório crucial.

Mantinha-se inalterada a situação do agrupamento, quando certa noite, diante de enorme assistência, em meio dos trabalhos, surgiu uma entidade que tomou o médium Silvares, a desfazer-se em convulsivo pranto.

— Diga, meu irmão — falou Aguinaldo, inquieto —, diga o que sofre e o que deseja...

— Que sofro, que desejo? — gemeu o infeliz, amarguradamente. — Não posso!... Não posso!... Sou um miserável convertido num monstro!...

— Como assim, meu amigo? — tornou Limeira, espicaçado pela curiosidade.

— Ai! — suspirou a entidade lacrimosa — como doem os resultados da hipocrisia! Na Terra, enganei as criaturas, mistifiquei os semelhantes, mas, agora, sinto-me diante da própria consciência... Não posso iludir a mim mesmo!

— Com que então foi você um hipócrita no mundo? — perguntou Limeira, com atitude superior. — Certamente, enganou os homens, mascarando propósitos e intenções, e, muito tarde, reconhece que praticou um crime...

— É verdade, é verdade... — clamou o infeliz, soluçando.

Tão comovedoras eram as lágrimas do comunicante infortunado, que toda a assistência chorava sob forte emoção.

Limeira, contudo, desejando imprimir o máximo efeito ao quadro, mostrava atitude inquiridora e convincente.

— Continue, meu irmão! — prosseguiu com autoridade.

E, em vez de confortá-lo, em nome de Jesus, levantando-lhe a esperança caída, o doutrinador insistia:

— Esclareça convenientemente o seu caso, meu irmão! De onde veio? Poderá identificar-se?

O desventurado esforçava-se, em vão, para responder. O pranto embargava-lhe a voz. Parecendo insensível, Limeira sentenciou:

— Veja, meu amigo, a que estado angustioso foi conduzido pelo hábito de mentir. O crime da hipocrisia determinou suas lágrimas presentes. A morte, que descerra os véus da ilusão, revelou sua verdadeira consciência. Conhece, o irmão, agora, os sofrimentos que aguardam os mentirosos, os homens fingidos e todos aqueles que aparentam a verdade e fogem dela, às ocultas, acolhendo-se ao crime. Fale, meu amigo, em que zona da vida tentou enganar as Leis divinas... Como se chama? Que fez na Terra? Como iludiu o próximo? Possuía você alguma crença religiosa?

Nesse momento, a entidade conseguiu interromper os soluços e falou:

— Aguinaldo, não me tortures mais com tantas interrogações!...

Escutando a voz, tonalizada em novo característico, o doutrinador estremeceu, fez-se lívido e perguntou, espantado:

— Quem é você, meu irmão?

O infeliz comunicante, num gesto supremo, respondeu em tom lastimoso:

— Eu sou teu pai!...

Viu-se, então, que Limeira deixou pender a fronte e começou também a chorar.

~ 10 ~
O discípulo de perto

Efraim, filho de Atad, tão logo soube que Jesus se rodeava de pequeno colégio de aprendizes diretos para a enunciação das Boas Novas, veio apressado em busca de informes precisos.

Divulgava-se, com respeito ao Messias, toda sorte de comentários.

O povo se mantinha oprimido. Respirava-se, em toda parte, o clima de dominação. E Jesus curava, consolava, bendizia... Chegara a transformar água em vinho numa festa de casamento...

Não seria Ele o príncipe esperado, com suficiente poder para redimir o povo de Deus? Certamente, ao fim do ministério público, dividiria cargos e prebendas, vantagens e despojos de subido valor.

Aconselhável, portanto, disputar-lhe a presença. Ser-lhe-ia discípulo chegado ao coração.

De cabeça inflamada em sonhos de grandeza terrestre, procurou o Senhor, que o recebeu com a bondade de sempre, embora tisnada de indefinível melancolia.

O Cristo havia entrado vitorioso em Jerusalém, mas achava-se possuído de imanifesta⁸ angústia. Profunda tristeza transbordava-lhe do olhar, adivinhando a flagelação e a cruz que se avizinhavam.

Sereno e afável, pediu a Efraim lhe abrisse o coração.

— Senhor! — disse o rapaz, ardendo de idealismo — aceita-me por discípulo, quero seguir-te, igualmente, mas desejo um lugar mais próximo de teu peito compassivo!... Venho disputar-te o afeto, a companhia permanente!... Pretendo pertencer-te, de alma e coração...

Jesus sorriu e falou, calmo:

— Tenho muitos seguidores de longe; aspirarás, porventura, à posição do discípulo de perto?

— Sim, Mestre! — exclamou o candidato, embriagado de esperança no poder humano. — Que fazer para conquistar semelhante glória?

O divino Amigo, que lhe sondava os recônditos escaninhos da consciência, esclareceu, pausadamente:

— O aprendiz de longe pode crer e descrer, abordando a verdade e esquecendo-a, periodicamente, mas o discípulo de perto empenhará a própria vida na execução da divina Vontade, permanecendo, dia e noite, no monte da decisão.

"O seguidor de longe provavelmente entreter-se-á com muitos obstáculos a lhe roubarem a atenção, mas o companheiro de perto viverá em suprema vigilância.

"O de longe sente-se com liberdade para buscar honrarias e prazeres, misturando-os com as suas vagas esperanças no Reino de Deus, mas o de perto sofrerá as angústias do serviço sacrificial e incessante.

"O de longe dispõe de recursos para encolerizar-se e ferir; o de perto armar-se-á, através dos anos, de inalterável paciência para compreender e ajudar.

⁸ N.E.: Velada, sigilosa, oculta.

Pontos e contos

"O de longe alegará dificuldades para concentrar-se na oração, experimentando sono e fadiga; o de perto, contudo, inquietar-se-á pela solução dos trabalhos e caminhará sem cansaço, em constante vigília.

"O de longe respirará em estradas floridas, demorando-se na jornada quanto deseje; o de perto, porém, muita vez seguirá comigo pelo atalho espinhoso.

"O de longe dar-se-á pressa em possuir; o de perto, no entanto, encontrará o prazer de dar sem recompensa.

"O de longe somente encontra alegria na prosperidade material; o de perto descobre a divina lição do sofrimento.

"O de longe padecerá muitos melindres; o de perto encher-se-á de fortaleza para perdoar sempre e recomeçar o esforço do bem, quantas vezes se fizerem necessárias.

"O de longe não cooperará sem honras; o de perto servirá com humildade, obscuro e feliz.

"O de longe adiará os seus testemunhos de fé e amor perante o Pai; o de perto, entretanto, estará pronto a aceitar o martírio, em obediência aos celestes desígnios, a qualquer momento".

Após longa pausa, fixou em Efraim os olhos doces e indagou:

— Aceitarás, mesmo assim?

O candidato, algo confundido, refletiu, refletiu e exclamou:

— Senhor, os teus ensinos me deslumbram!... Vou à Casa de Deus agradecer ao Santo dos santos e volto, dentro de uma hora, a fim de abraçar-te o sublime apostolado, sob juramento!...

Jesus aceitou-lhe o amplexo efusivo e ruidoso, despediu-se dele, sorrindo, mas Efraim, filho de Atad, nunca mais voltou.

~ 11 ~
Problema de saúde

Comentávamos alguns problemas alusivos à saúde humana, quando Olímpio Ericeira, ex-médico na Terra, considerou:

— Modifica-se singularmente o campo geral da vida, quando examinado por meio de nossos objetivos superiores. Sob o ponto de vista espiritual, renovam-se-nos aqui todos os conceitos clássicos da Medicina, em virtude das necessidades fundamentais da alma. Com raríssimas exceções, toda enfermidade reflete as deficiências de natureza profunda. A rigor, não há patologia sem desequilíbrio psíquico, tanto quanto não existe flora microbiana sem clima adequado. Por isso mesmo, grande número de moléstias funcionam como elementos de socorro à inteligência reencarnada. Claro que o homem não pode prescindir do combate contra as forças invasoras, no sentido de preservar o precioso vaso orgânico em que se manifesta; entretanto, não deveria lutar com o pavor do sentenciado, e sim com a atenção do trabalhador. A moléstia acidental pode ser aviso prestimoso; as enfermidades de longo curso costumam simbolizar trabalhos de salvamento; as enxaquecas, por vezes, demoram-se no corpo, atendendo a dispositivos da Providência divina. Se eu dispusesse de autoridade, solicitaria a todos os irmãos reencarnados aceitarem as manifestações patogênicas, dentro da maior serenidade, a fim de que produzam todos os bens de que são portadores.

— Semelhante atitude, porém, é muito difícil! — observou Eduardo Lessa, outro médico desencarnado. — O homem estima viver na filosofia do imediatismo. Exige melhora e cura, ao mesmo tempo, e é tarefa complicada atender a criaturas insaciáveis.

— A opinião é justa — tornou Olímpio, em tom grave —, o imediatismo é o escolho com que somos invariavelmente defrontados em todos os trabalhos de assistência aos companheiros da experiência física. Há doentes, com muitos anos de leito, que reclamam o restabelecimento em alguns dias, necessitados que não percebem os impositivos de ordem moral que os agrilhoam a padecimentos transitórios e pessoas que, intoxicadas pelos escuros pensamentos que cultivam, não reconhecem as sombras da própria mente enfermiça.

E refletindo para dar-nos um exemplo do que asseverava, continuou:

— Inda agora, assisti a uma ocorrência significativa. Por meio dela observei, mais uma vez, que a pressa de curar, entre os que se movimentam na carne, pode agravar as doenças verdadeiras da alma.

Olímpio fez uma pausa e prosseguiu:

— A senhora Ramos é criatura de qualidades excelentes, mas na posição maternal é apaixonada ao delírio, o que não impede seja credora de numerosas amizades em nosso plano, em virtude da sua bondade espontânea. Realmente, é caridosa sem ostentação e humilde sem alarde. Ninguém se retira da presença dessa nobre mulher sem sentir-se melhor. Sendo prestativa e fraternal, suas rogativas mobilizam muitos colegas nossos, que a ela se uniram pelos laços indestrutíveis da gratidão.

"Não há muitos meses, fui convidado a cooperar no tratamento de Anacleto, filho dessa valiosa missionária do bem. Dispus-me ao concurso solicitado, sondei o caso; depressa reconheci, em companhia de outros amigos, que a moléstia insidiosa deveria ser tratada com muita lentidão, em vista de ascendentes de origem moral. Anacleto apresentava perturbações orgânicas facilmente remediáveis; no entanto, a sua personalidade real exibia enormes desequilíbrios. Era ele um viciado de renovação muito difícil.

"O médico da família tratava-o, com acerto; entretanto, a mente transviada do rapaz exigia provas rudes.

"A senhora Ramos vivia receosa. Temia pela saúde do filho e desejava, fervorosamente, a restauração imediata. Todavia, se o facultativo terrestre apressava recursos para o fim em vista, de nosso lado acentuávamos a delonga. Não devia o moço restabelecer-se com facilidade. Tal concessão seria perigosa. Anacleto precisava extrair todo o proveito que a enfermidade lhe poderia conferir e devia socorrer-se da colaboração de muitos amigos encarnados, para entender, de alguma sorte, as obrigações que lhe competiam. As reflexões do leito ser-lhe-iam benéficas. O fígado enfermo, o estômago escoriado e as pernas feridas lhe ensinariam, sem palavras, valiosas lições íntimas. No curso do tempo, fornecer-lhe-iam paciência, fraternidade, gratidão e, sobretudo, algum entendimento da vida. Até à ocasião em que se recolhera para tratamento rigoroso, não passava de criatura inútil. Gastava a mocidade entre arruaças e vícios. Não sabia agradecer e muito menos cooperar na extensão do bem. Todavia, em virtude da moléstia renitente, começava a ser afável e reconhecido. Já sabia como atender a visitas, como suportar uma conversação em que os seus pontos de vista não eram respeitados e aprendera a sorrir para pessoas menos simpáticas.

"A senhora Ramos, porém, qual ocorre à maioria das mães terrestres, não examinava a situação fora das inquietudes injustificáveis. Acomodava-se muito bem com a fé tranquila dos dias róseos, mas não compreendia a confiança nos dias escuros.

"Implorava a restituição imediata da saúde ao filho e consagrava-se apaixonadamente a essa ideia.

"De quando em quando, encontrávamo-nos no grupo espiritista, por meio da organização mediúnica. Expunha-nos, inquieta, as suas aflições e temores.

"'Guarde serenidade, minha irmã', repetíamos, invariavelmente, Anacleto há de curar-se; em qualquer tempo, mais vale atentar para a vontade de Deus que nos encarcerarmos nos próprios desejos, quase sempre filiados à desorientação e ao egoísmo. Aguardemos com calma.'

"Nossa amiga, no fundo, pretendia sustentar o elevado padrão de fé, mas acabava sempre em vacilações prejudiciais, dentro do labirinto afetivo. De nossa reunião espiritual, seguia para a discussão com o médico, no conforto da residência, reclamando remédios mais eficientes, melhoras seguras e resultados mais nítidos.

"Assediado pelas rogativas da genitora, o facultativo encarnado lembrou a oportunidade de uma estação de águas. Anacleto iria às fontes curativas e, certo, restauraria o fígado intoxicado.

"Consultou-nos a senhora Ramos, com respeito ao alvitre.

"Sabíamos que a medida, em nos reportando ao campo físico, seria excelente, que o rapaz encontraria alívio rápido; no entanto, não ignorávamos que a sua condição espiritual ainda era lamentável, e que, por isso mesmo, o rapaz não se habilitara à recepção daquela bênção. Não víamos tão somente o organismo enfermo, mas também os interesses vitais da saúde eterna. Examinando todos esses fatores, opinamos em contrário. A pobre mãe recebeu-nos a negativa, mal-humorada, e, após novo acordo com o clínico terreno, assentou que nós outros, os cooperadores espirituais, estacionáramos em equívoco, deliberando a partida do filho para as águas, sem perda de tempo, plenamente despreocupada de nossa lembrança fraternal.

"Em poucos dias, viu-se Anacleto em estação elegante".

A essa altura da narrativa, Olímpio fez longa pausa, como a exumar as reminiscências mais fortes e concluiu:

— Efetivamente, o rapaz, em duas semanas, estava quase radicalmente curado. A senhora Ramos não cabia em si de contente. Anacleto, porém, assim que se viu exonerado dos impedimentos físicos, não mais quis saber das edificantes palestras maternais. Não longe do balneário funcionava grande seção de jogos de azar que, de pronto, lhe fascinaram a mente doentia. Incapaz de procurar o entretenimento sadio, útil ao sistema nervoso enfermiço, atirou-se ao pano verde, desvairadamente, tomado de estranha sede. Ocultando-se à vigilância materna, durante oito noites sucessivas aventurou somas enormes. Quando perdeu o conteúdo da própria bolsa, valeu-se de dois cheques em branco que o pai havia confiado à genitora, devidamente assinados, para despesas eventuais na excursão de cura. Fez dois saques vultosos, mas perdeu irremediavelmente. Quando viu rolar a ficha derradeira, ausentou-se, alucinado; enceguecido, semilouco, não conseguiu registrar-nos a assistência espiritual e, a sós, no quarto de dormir, ralado de ódio e vergonha, suicidou-se estourando o crânio. E assim terminou a experiência. A senhora Ramos retirou-se de casa conduzindo um filho doente e regressou trazendo um cadáver.

~ 12 ~
A árvore divina

Ante nossa acalorada conversação para definir o testamento de Jesus Cristo, o ancião de olhos lúcidos, complacente e humilde, esclareceu:

— O Evangelho, meus filhos, pode ser comparado a uma árvore divina, produzindo sementes de vida eterna, sustentada pelo Senhor junto às fontes do tempo...

"Todos os viajores humanos que se abeiraram dela, aproveitaram-lhe os dons de maneira diferente.

"Adorou-a um sacerdote, colheu-lhe preciosa tinta na seiva e escreveu muitos livros, expondo seus pontos de vista com referência à soberana Lei, tornando-se, por isso, poderoso condutor de almas.

"Apareceu um filósofo e consagrou-se ao exame de suas menores particularidades, pondo-se em atitude de interminável indagação.

"Visitou-a um geneticista que se revelou fascinado pela ofuscante luz de suas raízes, mergulhando-se em estudos complexos, sem cogitar das horas.

"Procurou-a um pregador de frases corretas e escalou-lhe o tronco, improvisando nele luminosa tribuna em que passou a ensinar o roteiro do bem aos caminhantes.

"Aproximou-se um pastor e retirou-lhe pequeno ramo que transformou em vara disciplinadora para as ovelhas.

"Veio um negociante, recolheu-lhe as folhas curativas e montou vasto empório de remédios tonificantes, adquirindo imensa fortuna.

"Passou um pintor, contemplou-lhe a beleza e compôs maravilhosos painéis, conseguindo, ao vendê-los, a prosperidade e a fama.

"Apareceu um escultor hábil, seccionou-lhe alguns galhos robustos e converteu a delicada madeira em primorosas estátuas que o encheram de riqueza e renome.

"Surgiu um polemista, anotou-lhe a posição no solo e fez minuciosa estatística de todas as suas possibilidades, de modo a discutir com base sólida nas notícias que pretendia oferecer aos semelhantes.

"Apareceu infortunado vagabundo que se lhe ajoelhou à sombra acolhedora e dormiu satisfeito.

"Veio um doente desesperado que lhe fixou as flores perfumosas e arrancou-as, ansioso, a fim de obter um elixir de consolação.

"Cada qual se uniu à árvore preciosa, satisfazendo os propósitos de que se sentiam possuídos; todavia, embora dessem o máximo de seus esforços à obra do progresso coletivo, em tarefas respeitáveis, continuavam sempre radicados ao campo inferior da vida, atormentados pelos interesses que os ligavam entre si.

"Eis, porém, que surge um homem diferente. Caracterizado por grande boa vontade, não exibe título algum, a não ser indiscutível disposição à fraternidade real. Admirou com simpatia o sacerdote, o filósofo, o geneticista, o pregador, o pastor, o negociante, o pintor, o escultor, o polemista, o vagabundo e o doente e, após longa meditação, abraçou-se respeitosamente à árvore, colheu-lhe os frutos e comeu-os. Seus olhos iluminaram-se. Fez-se mais sereno, mais forte e mais digno. E, em silêncio, passou a servir a todos, em nome do divino Pomicultor. Como persistisse trabalhando abnegadamente, sem ser catalogado na convenção do serviço terrestre, determinou o Mestre fosse chamado discípulo, com vantagens ocultas no Céu".

O velhinho interrompeu-se, sorriu e rematou:

— Segundo reconhecemos, o Evangelho permanece entre nós. Em derredor de sua claridade, porém, toma cada aprendiz o título que deseja.

E, antes que pudéssemos interpelá-lo para mais amplo esclarecimento do apólogo, fez significativo gesto de adeus e seguiu adiante.

~ 13 ~
A surpresa do crente

O devoto feliz experimentava a doce comoção do espetáculo celeste. Mais que a perspectiva do plano divino, porém, via, extasiado, o Senhor à frente dele.

Chorava, ébrio de júbilo. Sim, era o Mestre que se erguia, ali, inundando-lhe o espírito de alegria e de luz.

Sentia-se compensado de todos os tormentos da vida humana. Esquecera espinhos e pedras, dificuldades e dores.

Não vivia, agora, o instante supremo da realização? Não esperara, impacientemente, aquele minuto divino? Suspirara, muitos anos, por repousar na bem-aventurança. Recolhera-se em si próprio, no mundo, aguardando aquela hora de imortalidade e beleza. Fugira aos homens, renunciara aos mais singelos prazeres, distanciara-se das contradições da existência terrestre, afastara-se de todos os companheiros de humanidade, que se mantinham possuídos pela ilusão ou pelo mal. Assombrado com as perturbações sociais de seu tempo e receoso de complicar-se, no domínio das responsabilidades, asilara-se no místico santuário da adoração e aguardara o Senhor que resplandecia glorificado, ali, diante dos seus olhos.

Jesus aproximou-se e saudou-o.

Oh! semelhante manifestação de carinho embriagava-o de ventura. Sentia-se mais poderoso e mais feliz que todos os príncipes do mundo, reunidos!...

O divino Mestre sorriu e perguntou-lhe:

— Dize-me, discípulo querido, onde puseste os ensinamentos que te dei?

O crente levou a destra ao tórax opresso de alegria e respondeu:

— No coração.

— Onde guardaste — tornou o Amigo sublime — minhas continuadas bênçãos de paz e misericórdia?

— No coração — retrucou o interpelado.

— E as luzes que acendi em volta de teus passos?

— Tenho-as no coração — repetiu o devoto, possuído de intenso júbilo.

O Mestre silenciou por instantes e indagou novamente:

— E os dons que te ministrei?

— Permanecem comigo — informou o aprendiz —, no recôndito da alma.

Silenciou-se o Cristo e, depois de longo intervalo, inquiriu, ainda:

— Ouve! Onde arquivaste a fé, as dádivas, as oportunidades de santificação, as esperanças e os bens infinitos que te foram entregues em meu nome?

Reafirmou o discípulo, reverente e humilde:

— Depositei-os no coração, Senhor!...

A essa altura, interrompeu-se o diálogo comovente. Jesus calou-se num véu de melancolia sublime, que lhe transparecia do rosto.

O devoto perdeu a expressão de beatitude inicial e, reparando que o Mestre se mantinha em silêncio, indagou:

— Benfeitor divino, poderei doravante[9] abrigar-me na paz inalterável de tua graça? Já que fiz o depósito sagrado de tuas bênçãos em meu coração, gozarei o descanso eterno em teu jardim de infinito amor?

O Mestre meneou tristemente a cabeça e redarguiu:

— Ainda não!... O trabalho é a única ferramenta que pode construir o palácio do repouso legítimo. Por enquanto, serias aqui um poço admirável e valioso pelo conteúdo, mas incomunicável e inútil... Volta, pois, à Terra! Convive com os bons e os maus, justos e injustos, ignorantes e sábios, ricos e pobres, distribuindo os bens que represaste! Regressa, meu amigo, regressa ao mundo de onde vieste e passa todos os tesouros que guardaste no santuário do coração para a oficina de tuas mãos!...

Nesse momento, o devoto, em lágrimas, notou que o Senhor se lhe subtraía ao olhar angustiado. Antes, porém, observou que o Cristo, embora estivesse totalmente nimbado[10] de intensa luz, trazia nas mãos formosas e compassivas os profundos sinais dos cravos da cruz.

---

[9] N.E.: De agora em diante.
[10] N.E.: Aureolado.

~ 14 ~
Obsessão e dívida

Quando surgiam casos de obsessão no grupo, recorria-se, imediatamente, a Sinfrônio Lacerda.

Era ele, sem dúvida, o companheiro ideal para a situação.

Dotado de altas qualidades magnéticas, sabia orientar como ninguém.

Tratava-se, efetivamente, dum amigo generoso e bem--intencionado.

Não regateava a colaboração fraterna aos doentes, nem se inclinava a preferências individuais.

Primava pela delicadeza e pela pontualidade onde fosse convidado a contribuir para o bem.

Por sua clarividência admirável, aliada a firme disposição de servir, atingia as melhores realizações.

Especializara-se, por isso, na assistência aos obsidiados, em que obtinha verdadeiros prodígios a lhe coroarem a dedicação.

Sinfrônio, contudo, não obstante a inteireza[11] de caráter e a bondade ativa em determinados setores do serviço, não se conduzia nas mesmas normas, diante dos desencarnados sofredores ou ignorantes. Dispensava aos médiuns enfermos ou perseguidos o maior carinho, concentrando, porém, sobre as entidades em desequilíbrio a máxima rispidez.

À maneira de grande número de doutrinadores, via nos obsidiados inocentes vítimas, e nos transviados invisíveis, os verdugos de sempre. Em razão disso, tratava os Espíritos infelizes, desapiedadamente.

Não raro, Jerônimo, um de seus mentores espirituais, se lhe fazia visível e recomendava:

— Meu amigo, não te afastes do entendimento necessário. Não vicies o olhar, no capítulo das obsessões. Nem sempre o perseguido está isento de culpas. Os que exibem a carne doente podem ser grandes devedores. Não desejo furtar-te ao espírito de caridade e serviço aos semelhantes, mas devo esclarecer-te que não nos cabe olvidar a obrigação de repartir os recursos do auxílio com as vítimas e os algozes, em porções iguais. Por vezes, Sinfrônio, o desencarnado desditoso é mais digno de amparo que o encarnado aparentemente sofredor. As chagas abertas e as necessidades dolorosas permanecem nos dois planos. Não te dirijas, pois, às pobres entidades da sombra com descabidas exigências. Sê enérgico, porque todo sistema de construir ou restaurar demanda robustez de atitudes; entretanto, não sejas cruel nas palavras. Atende aos perturbados da esfera invisível com decisão e fortaleza de ânimo; todavia, não exclusas a fraternidade e a compreensão.

Lacerda, contudo, parecia pouco disposto a observar os pareceres.

Não sabia tratar os comunicantes perturbados senão em tom áspero, como quem ordena, sem cogitar dos direitos alheios.

---

[11] N.E.: Retidão.

Frequentemente, palestrava sereno e gentil, antes do contato com os irmãos infelizes; no entanto, tão logo se via à frente dos transviados do Além, assumia diversa posição. Emitia conceituação pesada e agressiva, dentro de francas hostilidades.

Desdobrava-se-lhe a experiência sem alterações, quando foi surpreendido por aflitiva ocorrência no próprio lar.

A sua filha Angelina, jovem de quinze anos, revelou perturbações psíquicas muito graves.

Assinalava-se-lhe a enfermidade por desmaios sucessivos e inquietantes. Em plena tranquilidade doméstica, caía, de súbito, palidíssima, ofegante, perdendo a noção de si mesma.

O pai carinhoso, extremamente impressionado com a situação, iniciou o tratamento, por meio de passes curativos, sem resultados positivos na cura.

Alarmou-se a família, em virtude dos acessos frequentes, e movimentaram-se providências diversas.

A esposa de Sinfrônio reclamou a consulta ao psiquiatra, e o companheiro, embora convicto da legitimidade do fenômeno de obsessão, por verificar a presença do perseguidor, com os próprios olhos, foi compelido a valer-se do especialista, que diagnosticou a epilepsia comum.

As injeções e os comprimidos, porém, não resolveram o problema.

A prostração da enferma era cada vez maior.

O genitor, não obstante conhecer centenas de casos daquela natureza, achava-se atônito. A obsessão da filha desconcertava-o. Mobilizara todos os recursos ao seu alcance, sem que se fizesse sentir qualquer resultado satisfatório. Via a entidade perturbadora que lhe minava a tranquilidade doméstica, anotava as ocasiões em que se aproximava sutilmente da jovem, despendia esforços variados, mas não conseguia deslocar o estranho perseguidor.

Às vezes, na intimidade, quando Angelina desfalecia, de súbito, o devotado pai debalde recorria à palavra forte. Acusava o infeliz, asperamente, admoestava-o[12] com rigor. A filha, contudo, parecia piorar com semelhante prática.

Atormentado pela ineficiência do seu método, Sinfrônio, esperançoso, organizou um programa de reuniões semanais, no próprio ambiente da família, buscando atender ao caso complexo.

As manifestações por meio da obsidiada começaram imprecisas; entretanto, a entidade perturbadora não conseguia articular nenhuma palavra. Incorporava-se em Angelina, prostrava-a dolorosamente, mas tanto o comunicante quanto a médium pareciam enfermos espirituais em posição grave.

Sinfrônio, na maioria das vezes, internava-se pela extrema excitação.

— No dia em que eu puder falar a esse obsessor infame, na certeza de ser ouvido — comentava, irritadiço —, expulsá-lo-ei para sempre. Movimentarei todos os meus recursos magnéticos para enxotá-lo como se fosse um cão.

Depois de dez meses, decorridos sobre as reuniões sistemáticas, certa noite articulou o infeliz as primeiras frases angustiosas.

Sinfrônio escutou-lhe as lamentações, num misto de sentimentos contraditórios, experimentando, acima de tudo, certa satisfação por atingir a presa na esfera verbal.

— Desventurado salteador das trevas — exclamou o doutrinador após ouvi-lo —, é chegado o momento de tua rendição! Vai-te daqui! Ouve-me as determinações!... Não mais voltes a esta casa! Nunca, nunca mais!...

— Não é possível — gemeu o infortunado —, Angelina e eu estamos ligados, desde muitos séculos... E não somente nós ambos sofremos nesta situação... Você também, Sinfrônio, foi

---

[12] N.E.: Avisar da incorreção de seu modo de agir, pensar etc.; censurar, repreender; advertir.

meu perverso inimigo... Algemas de ódio me ligam ao seu lar, muito antes que as paredes de sua casa se levantassem...

Sinfrônio Lacerda, neurastênico, interceptou-lhe a confissão e, concentrando todo o seu potencial magnético, bradou, autoritário:

— Nem mais uma palavra! Não desejamos ouvir-te! Retira-te, cruel perseguidor!... Ordeno! Afasta-te, afasta-te!...

Como se a mísera entidade fora premiada por uma pinça de vastas proporções, desgarrou, de chofre, caindo, porém, Angelina em terrível imobilidade.

Esforçou-se o pai por despertá-la, mas em vão.

Três, quatro, cinco horas escoaram aflitivas.

Agravado assim o problema, foi chamado o médico, que identificou o estado comatoso.

Depois de catorze horas de angústia, Sinfrônio Lacerda, chorando pela primeira vez, convidou alguns irmãos para uma prece de socorro urgente, desfazendo-se em lágrimas na rogativa de auxílio aos benfeitores espirituais.

Finda a súplica, Jerônimo, o sábio mentor que o acompanhava de perto, falou, conselheirático:

— Meu amigo, todas as obsessões, quanto as moléstias de qualquer procedência, podem ser tratadas, mas nem todas podem ser curadas, segundo os propósitos do homem. No caso de Angelina, temo-la profundamente unida ao obsessor, desde alguns séculos, quase na mesma proporção de tempo em que os dois se encontram intimamente associados ao teu próprio espírito. No passado, perturbaste-lhes o lar e, agora, consoante a Lei divina, procuram-te ansiosos de equilíbrio no caminho reto. Com o teu poder magnético, isolaste o perseguidor, violentamente, mas não podes sustentar semelhante medida, sem grave dano para ti mesmo. Não se arranca o carvalho de trezentos anos sem algum trabalho, como não se pode desfazer uma construção milenária, de um minuto para outro, sem ofensa à harmonia

geral. Se não buscares a mesma entidade para junto da filha, utilizando o mesmo influxo magnético por intermédio do qual a afastaste, Angelina desencarnará, em breves horas, para reunir-se ao companheiro.
— Sim, agora compreendo — soluçou o pai aflito.
E, acabrunhado, indagou:
— Jerônimo, meu benfeitor, como proceder então? Ensina-me o caminho da ação por amor de Deus!
O venerável amigo, com serena inflexão de voz, respondeu, comovidamente:
— Esqueceste, Sinfrônio, que há doutrinações pela palavra e doutrinações por meio do exemplo. Traze o obsessor e recebe-o no teu santuário doméstico, afetuosamente, qual se o fizesse a um filho. Cura-lhe as mágoas, orienta-o para o Senhor. Ama-o, quanto puderes, porque só o amor pode curar o ódio.
E, reparando que Lacerda chorava resignado, copiando a atitude do aprendiz inquieto, quando em dificuldade na lição, Jerônimo concluiu:
— Não te sintas humilhado, meu filho! Tens agora muitos conhecimentos e possibilidades, mas tens igualmente muitas dívidas. E quem deve, Sinfrônio, precisa desembaraçar-se do débito, a fim de seguir, em paz, na gloriosa e divina jornada para Deus.

~ 15 ~
No correio fraterno

Meu amigo, diz você, em vernáculo precioso, que a crença nos Espíritos desencarnados é característico de miséria intelectual.

Em sua conceituação de garimpeiro da retórica, os problemas do Espiritualismo contemporâneo se resumem a uma exploração de baixa estirpe, alimentada por uma chusma[13] de idiotas, nos quais o sofrimento ou a ignorância galvanizaram o complexo da fé inconsciente.

Com a maior sem-cerimônia deste mundo, assevera você que a convicção dos espiritistas de hoje é uma peste mental, surgida com Allan Kardec, no século passado, e acentua que o pensamento aristocrático da Antiguidade jamais cogitou de semelhante movimentação idealística.

O seu noviciado no assunto é claro em demasia para que nos disponhamos a minuciosa escarificação do pretérito.

---

[13] N.E.: Multidão de indivíduos, geralmente da camada mais baixa da sociedade; populacho, turba.

Se puder escutar-nos, no entanto, por alguns momentos, não nos meta a ridículo se lembrarmos que a ideia da imortalidade nasceu com a própria razão no cérebro humano.

Não sei se você já leu a história do Egito, mas, ainda mesmo sem a vocação de um Champollion, poderá informar-se de que, há milênios, a nobreza faraônica admitia, sem restrições, a sobrevivência dos mortos, que seriam julgados por um tribunal presidido por Osíris, dentro do mais elevado padrão de justiça.

Os grandes condutores hindus, há muitos séculos, chegavam a dividir o Céu em diversos andares e o inferno em vários departamentos, segundo as leis de Manu.[14]

Os chineses, não menos atentos para com a suprema questão, declaravam que os mortos eram recebidos, além do túmulo, nos lugares agradáveis ou atormentados que haviam feito por merecer.

Os romanos viviam em torno dos oráculos e dos feiticeiros, consultando as vozes daqueles que haviam atravessado o leito escuro do rio da morte.

Narra Suetônio[15] que o assassínio de Júlio César foi revelado em sonhos.

Nero, Calígula e Cômodo eram obsidiados célebres, perseguidos por fantasmas.

Marco Aurélio sente-se inspirado por entidades superiores, legando suas reflexões à posteridade.

Na Grécia, os gênios da Filosofia e da Ciência formulam perguntas aos mortos, no recinto dos santuários.

Tales ensina que o mundo é povoado por anjos e demônios.

Sócrates era acompanhado, de perto, por um Espírito guia, a ditar-lhe conselhos pertinentes à missão que lhe cabia desempenhar.

---

[14] N.E.: Código jurídico hindu.
[15] N.E.: (70 d.C.–130 d.C.) – historiador latino.

Na Pérsia, o zoroastrismo[16] acende a crença na lei de retribuição, depois do sepulcro, sob a liderança de Ormuzd[17] e Arimã,[18] os doadores do bem e do mal.

Em todos os círculos da cultura antiga e moderna, sentimos o sulco marcante da Espiritualidade na evolução terrestre.

Acima de todas as referências, porém, invocamos o Evangelho, em cuja sublime autoridade você se baseia para menosprezar a verdade.

O Novo Testamento é manancial de Espiritismo divino.

O nascimento de Jesus é anunciado, por vias mediúnicas, não só à pureza de Maria, mas à preocupação de José e à esperança de Isabel, Ana e Simeão.

Em todos os ângulos da passagem do Mestre, há fenômenos de transubstanciação[19] da matéria, de clariaudiência,[20] de clarividência,[21] de materialização, de cura, de incorporação, de levitação e de glória espiritual.

Em Caná, transforma-se a água em vinho; junto à corrente do Jordão, fazem-se ouvir as vozes diretas do Céu; no Tabor, corporificam-se Espíritos sublimados; em lugares diversos, entidades das trevas apossam-se de médiuns infelizes, entrando em contato com o Senhor; no lago, o Cristo caminha sobre a massa líquida e, depois do Calvário, surge o Amigo celeste, diante dos

---

[16] N.E.: Antiga religião persa fundada no século VII a.C. por Zoroastro (ou Zaratustra).

[17] N.E.: Ou Ahura-Mazdâ, deus supremo do Masdeísmo, criador e princípio do bem.

[18] N.E.: Princípio do mal, do caos, das trevas e da morte.

[19] N.E.: Fenômeno de efeitos físicos em que há transmutação molecular.

[20] N.E.: Faculdade mediúnica ou anímica que consiste na capacidade de "escutar" as vozes dos espíritos ou sons provenientes das dimensões espirituais, como músicas e barulhos.

[21] N.E.: Faculdade anímica ou mediúnica que consiste na percepção "visual" dos seres espirituais, de imagens ou acontecimentos do mundo corpóreo que estão fora do alcance visual normal, perto, longe ou obliterado de alguma forma.

companheiros tomados de assombro, demonstrando a ressurreição individual, além da morte...

Tudo isto é realidade histórica, insofismável, mas você afirma que para crer em Espíritos será necessário trazer complicações na cabeça e chagas na pele.

Não serei eu, "homem-morto" há dezesseis anos, quem terá a coragem de contradizê-lo.

Naturalmente, se este correio de fraternidade chegar às suas mãos, um sorriso cor-de-rosa aparecerá triunfante em suas bochechas felizes; mas não se glorie, excessivamente, na madureza adornada de saúde e dinheiro, porque embora eu deseje a você uma existência no corpo de carne, tão longa quanto a de Matusalém, é provável que você venha para cá, em breves dias, ensaiando o sorriso amarelo do desencanto.

~ 16 ~
# A besta do rei

À frente da assembleia fraternal que examinava a posição difícil dos médiuns com graves responsabilidades, o velhinho amigo estampou singulares característicos fisionômicos e narrou:

— Sem qualquer propósito de plagiar o nosso prestimoso Esopo,[22] já ouvi contar a história de uma besta de carga, que pode ilustrar os nossos comentários de modo significativo.

"Certo rei da Mesopotâmia necessitava transportar enorme tesouro de uma cidade para outra, em benefício dos próprios súditos. Vastíssima zona do reino precisava renovar os sistemas de trabalho e melhorar os processos evolutivos; entretanto, para esse fim, não dispensava recursos substanciais. Vocês sabem que, na Terra, toda prosperidade requisita apoio físico, tanto quanto a luz de uma candeia reclama combustível. Ora, naquele tempo, os homens não dispunham das facilidades de transporte. Os filósofos ensinavam a verdade, e os poetas já sublimavam a poesia; contudo, a inteligência do mundo estava muito longe da

---

[22] N.E.: (Séc. VII – séc. VI a.C.), fabulista grego.

locomotiva e do avião... O soberano, assim, atado às injunções da época, determinou fosse procurada uma besta elogiável para o serviço. Depois de várias pesquisas, surgiu o animal nas condições desejadas. O muar escolhido podia conservar as manhas inerentes à espécie, mas devia ser calmo, zurrar apenas em horas de perigo e corcovear o menos possível.

"A jornada seria laboriosa.

"Dias e noites de marcha forçada, com intensivo aproveitamento das horas. Aprazada a partida, a besta, em sua ingenuidade de serviçal, prazerosamente recebeu arreamento brilhante.

"Deixou o palácio, sob aclamações festivas.

"Precedida de carruagens e batedores e seguida de infantes armados, era ladeada de fidalgos e escrivães, guardas e mordomos, artesãos e ourives, lanceiros e escudeiros, congregados em rumoroso séquito para acompanhá-la.

"A expedição, realmente, era das mais proveitosas.

"Os benefícios seriam incalculáveis.

"Isso, porém, não exonerava a besta do cansaço natural.

"As caixas repletas de metal precioso que sustentava, se provocavam geral admiração, eram para ela peso incômodo e incessante.

"Em razão disso, a viagem que começou alegremente transformou-se, pouco a pouco, em peregrinação dolorosa.

"Enquanto outros muares podiam comer os legumes frescos de que vinham carregados para alimento da expedição, a besta honrada e desditosa gemia sob a carga de ouro maciço.

"O soberano, se era compreendido por grande parte dos súditos, possuía também vassalos infiéis que por incapacidade de entendimento lhe solapavam a autoridade. Por essa razão, o animal sofredor era objeto de invectivas e achincalhes por parte dos adversários do rei.

"Suarenta e exausta, a infeliz namorava o espelho do Eufrates,[23] sequiosa de uns goles de água pura; todavia, era

---

[23] N.E.: Rio da Ásia.

obrigada a ver, com absoluta impossibilidade de satisfazer à sede que a torturava, seus irmãos de rebanho a se refestelarem rio adentro.

"De quando em quando, tangida pelas necessidades naturais, dirigia-se às margens do caminho, para lamber alguma gota de água barrenta ou tosar algum broto de capim verde; no entanto, não conseguia grande coisa. A comissão encarregada do tesouro chibateava-a para que tornasse ao meio-fio. Azeméis desapiedados feriam-na com aguilhões, toda vez que tentava cheirar outro animal, de modo a sentir-se menos sozinha, porque, no fundo, era uma besta como as outras.

"Nas aldeias por onde passava, cheia de feridas e desapontamentos, súditos reconhecidos traziam-lhe forragem especial e preciosa que a infortunada não conseguia tragar, saudosa da natureza livre. Senhoras leais ao soberano enfeitavam-na com adornos simbólicos. Cavalheiros respeitáveis, amigos incondicionais do monarca, exaltavam as virtudes do solípede, pronunciando extensos discursos junto de suas orelhas trêmulas.

"O animal, guindado a situação de tal brilho, era, porém, descendente de sua espécie e não podia trair as leis evolutivas, não obstante o favor real.

"Por semelhante motivo, amarguravam-lhe não só as considerações e honrarias indébitas, como também as disputas sem-fim, que se levantavam, cada dia, em torno de suas patas inseguras.

"Se varava as portas de alguma cidade, sua passagem causava distúrbios.

"Cortesãos generosos intervinham, discutidores. Exigiam alguns que a besta tomasse a direção norte, outros solicitavam a direção sul. Matronas entusiastas pediam graças especiais para o animal e reclamavam modificações. Populares exaltados abeiravam-se das caixas preciosas, buscando contemplar, à força, as barras de ouro puro. Vítima da curiosidade e do atrevimento, a besta era compelida a tolerar pontapés e golpes incessantes. Se procurava refúgio, ao lado dos artesãos, faminta de socorro, os ourives protestavam, acreditando que o muar desejava fugir. Se tentava acolhimento junto dos ourives, para defender-se de alguma sorte, os artesãos provocavam reação rumorosa, fustigando-a a pontaços.

"De quilômetro a quilômetro, o serviço tornava-se mais asfixiante... De vilarejo a vilarejo, a perturbação aumentava sempre.

"A besta não conseguia aliviar-se. Devia transportar o tesouro e não podia comer, repousar ou banhar-se".

O narrador, inteligente e bondoso, sorriu, fez longa pausa e concluiu:

— O serviço foi realizado. Finda a jornada de sacrifício, a besta foi desarreada. A riqueza beneficiou a todos. Houve alegria geral no espírito coletivo. Mais possibilidades de trabalho, mais ânimo entre o povo. A besta, contudo, não era o mesmo animal do início. Trazia o corpo coberto de chagas sanguinolentas. Não sabia trotar quanto os outros muares. A forragem rica ou o capim verde não mais a interessavam. Ignorava o caminho da estrebaria. Afligia-se e assustava-se, tanto na cavalariça, como na pastagem refrescante. Orneava a esmo ou corria de um lado para outro, sem que ninguém a entendesse. Aos servidores do rei, felizes com as novas possibilidades, pouco importava o destino de tão extravagante animal. Alguns companheiros da expedição, mais "caridosos" e práticos, julgaram que o muar houvesse enlouquecido e resolveram, como solução única, enviá-lo ao matadouro.

"Antes, porém, o soberano, que era piedoso e justo, mandou buscá-lo para as cocheiras de sua casa, não se sabe como, e ninguém mais o viu".

A essa altura da narrativa, o velhinho fez uma pausa, e endereçando a nós outros o seu olhar percuciente e límpido, perguntou:

— Vocês não acham o médium de responsabilidade, em nossos dias, muito semelhante à besta do rei?

Sorrimos todos, entreolhando-nos surpresos, mas a curiosa interrogação ficou no ar...

~ 17 ~
Resposta de companheiro

Meu amigo, pede você um roteiro de nosso plano, que lhe sirva às incursões no campo mediúnico.

"A região é quase inexplorada, as surpresas imensas" — diz você desalentado.

Como os velhos portugueses do litoral do Brasil, que perdiam longo tempo, antes de enfrentar a selva fascinante, seus olhos contemplam a magnitude do continente espiritual, sentindo-se você incapaz do serviço de penetração na terra maravilhosa dos novos conhecimentos. Observa as possibilidades infinitas de realização, a grandeza do serviço a fazer; entretanto, a incerteza impede-lhe a marcha inicial.

Sabe você que os sacrifícios não serão reduzidos. Os bandeirantes antigos, para semearem a civilização no oceano verde, sofreram, muita vez, privações e dificuldades, solidão e angústia indizíveis. Os pioneiros da Espiritualidade, nos tempos modernos, para distribuírem a nova luz na floresta dos sentimentos humanos, não devem nem podem aguardar excursões pacíficas e felizes na esfera imediatista. Experimentarão igualmente os choques do meio, sentir-se-ão quase sós, padecerão a sede do espírito e a fome do coração.

Tochas acesas contra as sombras da ignorância e do convencionalismo inferior, sofrem o desgaste natural de suas possibilidades e energias.

Quem se abalance, pois, no ideal de servir, no campo da mediunidade, espere por lutas árduas de purificação.

A técnica da cooperação com a Espiritualidade superior não é diferente daquela que norteia as atividades dos realizadores do progresso humano. É razoável que o individualismo aí preponderare, como coloração inalienável da ação pessoal no trabalho a desenvolver; todavia, esse individualismo deve ajustar-se aos imperativos do supremo bem, apagando-se, voluntariamente, com alegria, para que as claridades da vida mais alta se destaquem no quadro penumbroso da atividade terrestre.

Não é o fenômeno desconcertante e indiscutível a base fundamental da obra. É o espírito de boa vontade, de sacrifício e renunciação. Ser o medianeiro de fatos transcendentes, que constituam alicerce de grandes e abençoadas convicções, é admirável tarefa, sem dúvida. No entanto, se as demonstrações obedecem a impulsos mecânicos, sem o condimento da compreensão elevada, no setor da responsabilidade, do serviço e do amor fraterno, toda a fenomenologia se reduz a fogo-fátuo. Impressiona e comove, durante a festa, para cair no absoluto esquecimento, nas horas seguintes.

Não basta iniciar a edificação para que o trabalho se realize. É indispensável saber prosseguir e saber terminar. Imprescindível compreender também nesse capítulo que todos os homens do mundo são médiuns, por serem intermediários do bem ou do mal.

As fontes do pensamento procedem de origens excessivamente complexas. E, nesse sentido, cada criatura humana, nos serviços comuns, reflete o núcleo de vida invisível a que se encontra ligada de mente e coração. Não nos cansaremos de repetir que as esferas dos encarnados e desencarnados se interpenetram em toda parte.

Não posso desviar-me, contudo, da linha essencial de sua consulta fraterna.

Você, em suma, deseja informar-se quanto ao processo mais eficiente de atender aos imperativos do bem, no intercâmbio com o plano invisível, e, em face de seu desejo, nada tenho a aconselhar-lhe senão que intensifique sua capacidade receptiva, dilatando conhecimentos, elevando aspirações, purificando propósitos e quebrando a concha do personalismo inferior para poder refletir o infinito.

Mediunidade é sintonia. Cada mente recebe segundo a natureza e extensão da onda de sentimento que lhe é própria.

Subamos, desse modo, a montanha do conhecimento e da bondade. Ajustemo-nos à esfera superior da vida, para merecermos a convivência dos Espíritos superiores. A virtude primordial em semelhante tarefa não consiste, substancialmente, em ser médium, mas em ser trabalhador fiel do bem, instrumento do divino Amor, onde quer que você se encontre.

Na execução desse programa, encontrará contínuo engrandecimento de poder espiritual.

Guarde a harmonia de seu vaso físico, faça mais luz em sua mente, intensifique o amor em seu coração e o trabalho será sempre mais lúcido, mais sublime.

Quanto às arremetidas dos descrentes e ironistas do mundo, não se prenda ao julgamento que lhes é peculiar. São mais infelizes que perversos. Em todos os tempos, tanto riem como choram, inconscientemente. Não emito semelhante conceito para envolver-me em fumaças de superioridade; é que também me demorei longo tempo entre eles, e conheço, de experiência própria, os sorrisos e lágrimas do picadeiro da ignorância.

Siga, portanto, seu caminho, estudando com o Mestre divino e ouvindo a própria consciência.

Não serei eu, pobre amigo do plano espiritual, quem lhe vá traçar diretrizes.

No fundo, o que você deseja é o encontro divino com o Senhor, o ideal que me impulsiona agora o espírito de pecador.

Em vista disso, ouçamos juntos a advertência do Evangelho: "Negue cada qual a si mesmo, tome a sua cruz e siga-me".

Tem você suficiente disposição para satisfazer o sagrado apelo? Quanto a mim, esteja certo de que, não obstante a condição de alma do outro mundo, é o que estou procurando fazer com toda a sinceridade do coração.

~ 18 ~
Morrer para descansar

Desenvolvera-se Sérgio Mafra nos conhecimentos do Espiritismo cristão, tornara-se elemento de valor entre os companheiros, colaborava, atencioso, sempre que chamado a serviço, mas apresentava um defeito grave: era demasiadamente triste e pessimista e vivia em desacordo com todos os processos da experiência humana. Estimava a tarefa que lhe fora cometida, não se negava ao concurso fraterno; contudo, desejava morrer, abandonar o mundo para sempre e entregar-se ao descanso em convivência com as entidades amorosas do plano invisível.

Ricardo, amigo de muito tempo, assistia-o do campo espiritual, desveladamente. Sérgio observava-lhe a fisionomia iluminada, através da visão mediúnica, e recordava, imediatamente, a ideia de morte.

— Ah! meu amigo — exclamava choroso, dirigindo-se ao benfeitor —, quanto desejava partir, cooperar convosco na vida mais alta! A Terra asfixia o coração... Em tudo a dor, o desalento, a incompreensão!...

Ricardo sorria e, tomando-lhe o braço, escrevia, atencioso:

— Sérgio, meu caro, extingue os pensamentos da morte, porque somente a vida persiste na eternidade. Não desprezes o ensejo de servir no mundo. Todos temos para com o planeta imensos débitos que devemos resgatar, de espírito confortado e feliz. Ninguém renasce com isenção de sérios compromissos. Teus propósitos são valiosos, és sincero nos sentimentos e confias em nós; todavia, a ideia fixa, referentemente à morte do corpo, é uma obsessão perigosa que te poderá arrastar a desenganos cruéis. Atende à vida, filho meu! Não te percas em lastimar o desentendimento das criaturas; repara, acima de tudo, a zona de serviço que elas te oferecem e dá-te ao trabalho com amor. Permaneces em aprendizado ativo. Não fujas à lição. A tristeza dos criminosos é justificável por nascer de remorsos amargos, proporcionando-lhes oportunidade a retificações; entretanto, constitui uma excrescência deplorável nos servidores da fé. Semelhante angústia é um conjunto de vibrações destruidoras, ao passo que a alegria sã vem de Deus e deve comunicar-se aos seus filhos. A Criação inteira está palpitante de júbilo. Não te entregues, portanto, ao desequilíbrio. Lembra-te de que permaneces no lugar de serviço a que o Senhor te destinou. Reflete nesta profunda realidade e continua servindo à causa do bem.

Sérgio lia e relia as considerações desse teor e redarguia em lágrimas:

— A existência humana, todavia, me assusta. Pensar na morte é a minha consolação. Nada me interessa na Terra, onde o tempo demora terrivelmente a passar. Desejaria servir junto de vós, amado amigo, a fim de descansar o coração e alcançar a paz.

Ricardo esboçava expressivo gesto e respondia com firmeza:

— Acreditarias, porventura, que possamos viver aqui sem atividades laboriosas? Nossos trabalhos são enormes e nossas responsabilidades absorventes. O esforço que nos compete difere bastante das tarefas conferidas aos nossos irmãos encarnados;

entretanto, Sérgio, os nossos deveres são bem pesados e dolorosos por vezes. Não vivemos em paisagem aérea, exonerados de obrigações difíceis. Somos compelidos a testemunhos que te assombrariam, por certo, e não seria aconselhável o teu regresso à esfera invisível, sem uma preparação adequada. Zela os teus interesses eternos, não te precipites, aproveita o tempo, construindo com a verdade e o bem. Se precisamos efetivamente do fruto, não será razoável destruir a flor. A existência carnal te oferece belos períodos de repouso e observação. Vale-te dos tesouros de agora, não te descuides.

— Observação? Repouso? — clamava Sérgio, desalentado. — Não tenho oportunidades para estudos eficientes e muito menos para descanso. A permanência na Terra é castigo severíssimo, amargo degredo espiritual. Não me conformo com a paisagem escura do mundo.

E o companheiro, embora em esforço normal, sem qualquer ato indigno da fé que abraçara, ardoroso, continuava chorando e lastimando o presente, por meio de queixas veladas e amarguras indefiníveis.

Era, sem dúvida, assíduo cooperador dos trabalhos espirituais e não se furtava ao testemunho sério, mas continuava sempre viva aquela luta de argumentação entre ele e Ricardo. Este erguia-lhe a mente para as elevadas concepções da vida eterna; no entanto, aquele somente idealizava a morte repousante. E, no curso do tempo, face à lei que determina a realização, conforme o ideal, Sérgio Mafra desencarnou de uma gripe sem importância. O ardente desejo de morrer, para descansar, impediu-lhe o controle eficiente da máquina orgânica; e, quando todos os amigos lhe aguardavam, esperançosos, o restabelecimento físico, eis que Mafra lhes impôs a incompreensível surpresa.

Esperou-o Ricardo, pacientemente, abraçou-o no limiar da vida nova e falou, como quem não encontrava outro remédio senão a conformação:

— Boa sorte, meu amigo! Planejaste a morte e abandonaste o corpo!...

— Sim, sim — replicou Sérgio, de olhos brilhantes —, sempre desejei colaborar ao vosso lado.

— Então sigamos ao serviço, não temos tempo a perder — acrescentou o benfeitor amável e bem-humorado.

E aplicando-lhe forças magnéticas, para que Mafra não se deixasse dominar por sensações de sono, fez-se acompanhar por ele, deliberadamente, ao seu campo de serviços complexos.

Estava Sérgio encantado a princípio, mas, aos poucos, reconheceu que Ricardo dispunha de raríssimas horas para repouso durante o dia. Não conseguiam nem mesmo ensejo a mais longos entendimentos. O nobre amigo estava cheio de ocupações sacrificiais, e o recém-desencarnado viu-se na obrigação de acompanhá-lo em peregrinações por hospitais, creches, orfanatos, necrotérios, oficinas, templos e instituições de caridade, em serviço ativo de socorro a doentes e a menos favorecidos da sorte, encarnados e desencarnados.

Compelido a seguir-lhe o ritmo de serviço, Sérgio estava exausto, ao fim de duas semanas.

Humilhado, vencido, dirigiu-se, em pranto, ao benfeitor, penitenciando-se:

— Ah! meu nobre Ricardo, quantas exigências no trabalho espiritual! A experiência é para mim muito dolorosa! Tende paciência, não suporto mais!...

Ricardo, porém, não sorriu, e considerou em tom grave:

— Não desejavas, em caráter prematuro, as tarefas reservadas ao homem depois da morte física? Não aproveitaste uma gripe benigna para facilitar o desequilíbrio orgânico? Na Terra maternal, erguias-te pela manhã, tomavas o teu café reconfortador, trabalhavas algumas horas no curso do dia, entregavas-te ao gosto das refeições bem-feitas, distraías o coração na palestra afetuosa dos familiares queridos, recebias a cooperação de desvelados benfeitores encarnados e desencarnados e dormias na calma do sono e nos deslumbramentos do sonho... Todavia, não obstante a sinceridade de tua fé, consideravas a existência um martirológio execrável. Traduzias a bênção do Eterno por incômodo ao coração. Presentemente, porém, observas que os teus serviços terrenos eram bem suaves e constituíam verdadeiro paraíso em comparação com os deveres de hoje.

Mafra contemplava-o, de olhar ansioso, aguardando a dispensa de obrigações que lhe pareciam tão duras. Mas, muito longe de programar o repouso, Ricardo fixou nele os olhos lúcidos e concluiu:

— Agora, Sérgio, não te posso desobrigar, porque meus avisos à tua alma foram reiterados e veementes; e, não podendo olvidar meus deveres, também não te posso abandonar ao léu, no caminho de sombras. É, portanto, de teu interesse que venhas comigo ao trabalho áspero, para que não te suceda alguma coisa pior.

~ 19 ~
Entusiasmo e responsabilidade

Nos primeiros tempos da nova fé, Aureliano Correia não regateava as manifestações entusiásticas.

— Sou espiritista — exclamava convicto —, pertenço às fileiras dos discípulos sinceros da Nova Revelação. Tenho a minha tarefa a cumprir.

O rapaz vivia embriagado de júbilo. Comparecia pontualmente às reuniões doutrinárias, comentava, ardoroso, os ensinamentos ouvidos. Expunha projetos grandiosos, relativamente ao futuro. Instituiria núcleos de fé viva, disseminaria fundações de amor fraternal. Afirmava, sem medo, a nova atitude e prometia realizações seguras e generosas.

Não se contentava em estabelecer compromissos com a fé. Aureliano ia mais longe. Referia-se ao Espiritismo na política, na Filosofia, nas Artes, nas Ciências. Trabalharia sem cessar, dizia ele, e criaria diretrizes novas e edificações mais sólidas para o espírito humano.

Continuava atravessando a região do entusiasmo fácil, quando, certa noite, no parcial desprendimento do sono, foi conduzido à presença de um de seus orientadores espirituais.

O companheiro exultava.

A entidade amiga falou carinhosamente, depois de abraçá-lo:

— Aureliano, que o Senhor te abençoe as esperanças de redenção. Teu caminho cobre-se, agora, de júbilos santos. Guardas, meu amigo, a divina lâmpada no coração. A bênção do Eterno Pai segue tuas aspirações de progresso. Sê bendito e feliz, filho meu! Teu ideal de crente fervoroso será uma roseira florida no jardim do Mestre generoso, e o perfume das rosas abertas constituirá sagrado incenso de fé em teu espírito idealista.

O rapaz chorava de contentamento e emoção.

E o sábio mentor prosseguiu, calmo e bondoso:

— Atingirás a praia sublime da paz consoladora e, seguro na terra firme das convicções sadias, observarás, espiritualmente, de longe, o oceano revolto do mundo, embora continues em serviço de abnegação ativa em benefício dos nossos irmãos encarnados, aflitos e vacilantes, na grande jornada, por meio das ondas vorazes da ilusão. Receberás consolações celestes, ao contato dos amigos espirituais que te esperam, deste lado da vida. Conhecerás a profunda alegria da luz eterna, no tabernáculo da alma crente. As dificuldades da Terra surgirão aos teus olhos, na qualidade de benfeitoras. No seio das lutas mais fortes, sentirás o beijo caricioso da amizade dos servos glorificados de Deus, invisíveis no mundo aos olhos mortais. Cada dia será uma taça de oportunidades benditas ao teu coração e cada noite um parque de claridades compassivas, onde meditarás nas dádivas celestes, entre a alegria e o reconhecimento. Alcançarás o bem-estar de quem encontrou o amor universal, a compreensão de todos os seres e o respeito a todas as coisas e, venturoso, estarás a caminho de esferas iluminadas, a distância dos círculos inferiores da carne, seguindo com Jesus, amparado por seu divino amor...

Enquanto a entidade fazia súbita parada, sentia-se Aureliano o mais feliz dos homens. Seria o aprendiz superior, discípulo dileto do Cristo. Não cabia em si de satisfação. O orientador devotado, porém, quebrou a pausa longa e tornou a falar:

— Mas, como sabes, Aureliano, não existe concessão sem responsabilidade. Alguma coisa darás de ti mesmo, para receberes tantas bênçãos. Para que te integres na posse definitiva de semelhante tesouro, é necessário que abandones a caverna dos instintos inferiores e que sejas um homem renovado em Cristo Jesus. Não poderás perder o Mestre de vista, procurando seguir-lhe os passos, desde a manjedoura de submissão a Deus até o cuspe irônico do povo de Jerusalém, a fim de que o encontres no Calvário, a caminho da ressurreição. É indispensável seguir Jesus e alcançá-lo, no monte do testemunho, diante dos homens e da suprema obediência ao Eterno Pai. Serás bafejado pelas harmonias celestes; entretanto, não te poderás esquivar aos sacrifícios terrestres. Receberás a tranquilidade que excede a compreensão das criaturas; todavia, para que isto se verifique, é indispensável te arrependas do passado delituoso e creias na tua sublime oportunidade de hoje, negando-te a alimentar o "homem velho" que ainda te domina o coração, e suportando a luminosa cruz de teus serviços de cada dia, acompanhando aquele que nos dirige os destinos desde o princípio. Ganharás a luz, Aureliano, mas é imprescindível que expulses as sombras que te rodeiam. Atingirás a esfera superior; no entanto, é preciso que te retires das zonas mais baixas dos vastos caminhos da vida. Não temas, porém, meu filho! Jesus não desampara a boa vontade dos homens!

Nesse instante, Aureliano acordou, muito pálido. Aquela advertência calara-lhe fundo. Sentia-se desapontado. Estimava o entusiasmo, as vibrações festivas, os rasgos da palavra, mas não se lembrara ainda do campo da responsabilidade e do serviço inevitáveis. Queria uma doutrina para se proteger, mas nunca pensara na fé que exige trabalho, abnegação e testemunho no bem ativo. Estava, portanto, decepcionado. Aureliano, tão expansivo nas afirmações fáceis, levantou-se da cama, profundamente amuado, arredio, nervoso. Sua mente recuava, a passos largos, nas promessas feitas.

Mal saíra de casa, a caminho do centro urbano, eis que quatro companheiros humildes lhe surgem à frente, solicitando ansiosos:

— Aureliano, amigo, fundamos ontem um núcleo modesto e contamos com você! Sentimo-nos cercados de necessidades espirituais e precisamos cooperadores de sua envergadura. Venha hoje à noite, não falte. Esperamos que aceite o nosso convite e que não desampare a nossa confiança!

O interpelado, porém, muito diferente da véspera, sem qualquer disposição ao serviço sério, e positivamente em fuga ante a ideia de responsabilidade, respondeu com secura:

— Não, meus amigos, não posso dizer que sou espiritista.

E, depois de uma pausa, ante o espanto dos companheiros, concluiu, como muita gente:

— Tenho muita vontade de ser.

~ 20 ~
A súplica final

Convencido de que o Mestre distribui as graças, de acordo com as solicitações dos discípulos, o crente fervoroso e sincero, vivamente interessado na perfeita integração com o Senhor, pediu-lhe dinheiro, alegando a necessidade de recursos materiais para atender-lhe aos desígnios.

Ouvindo-lhe a rogativa, o Salvador mobilizou emissários para satisfazê-lo.

Em breve, a fortuna vinha ao encontro do aprendiz, enchendo-lhe os cofres e prestigiando-lhe a casa.

Multiplicaram-se-lhe, porém, as preocupações e surgiram desgostos graves. Longe de elevar-se à Espiritualidade superior, passava dias e noites vigiando a entrada e a saída do ouro, assinalando os depósitos crescentes.

Distraído das obrigações mais humildes, perdeu a companhia da esposa e dos filhos, desgarrados do lar pelas fascinações da vida fácil.

No fundo, entretanto, conservava a fé inicial e, quando lhe transbordaram as arcas, reconheceu a dificuldade para alçar-se ao Cristo.

Prosternou-se em oração e implorou a Jesus lhe desse autoridade, assegurando que aguardava semelhante vantagem a fim de segui-lo.

O Senhor acolheu-lhe a súplica e expediu mensageiros que lhe garantissem a desejada aquisição.

Quase de imediato, o discípulo foi guindado a nobre posição administrativa; todavia, sem bases na experiência, em pouco tempo se viu odiado e incompreendido, incapaz de suportar calúnias e críticas, observações descabidas e advertências mordazes de subalternos e superiores. Movimentava vultosos patrimônios materiais; contudo, não correspondia aos imperativos do espírito.

Aturdido e desencantado, tornou à oração e implorou a Jesus a concessão de dons maravilhosos, afiançando que somente assim poderia servi-lo.

O divino Doador anotou-lhe a solicitação e recomendou aos assessores lhe confiassem o poder de curar.

O aprendiz recebeu a dádiva e entregou-se ao trabalho.

Dentro de alguns dias, enormes fileiras de necessitados batiam-lhe à porta. A popularidade absorveu-lhe as horas. Escasseou-lhe o tempo, até para alimentar-se. Sem preparação para o delicado serviço, no decurso de alguns meses declarou-se em falência. Faltavam-lhe forças para o ministério. Em face da multidão dos sofredores e dos ignorantes, os familiares que lhe restavam no lar abandonaram o campo doméstico. E o pobre, por sua vez, não soube tratar com os desesperados da sorte. Quando não podia atender alguém, depois de haver socorrido dezenas de aflitos, sentia-se crivado de acusações que não sabia acolher com serenidade. Submeteu-se, desse modo, ao cansaço absoluto. Descontrolou-se. Renegou o dom que o Céu lhe emprestara.

No entanto, porque a fé ainda lhe vibrava no íntimo, regressou à petição, com sinceridade, e renovou a súplica.

Em pranto, implorou a pobreza e a obscuridade. Desejava desfazer-se de todos os laços com a posse terrestre. Seria trabalhador anônimo. Ligar-se-ia à Providência por meio do esforço desconhecido.

Registrando-lhe os rogos, o Mestre enviou prepostos adequados à situação. O discípulo foi conduzido à penúria. Esgotaram-se-lhe os recursos. A enfermidade visitou-o com insistência. Desacertaram-se-lhe os negócios. Fugiram amigos e apareceram credores.

Sozinho e desamparado, viu-se igualmente inapto para aquele gênero de provação. Sarcasmos e zombarias choviam-lhe na estrada. Foi apontado à conta de imprevidente e relapso, sem o governo da própria existência. Debalde tentou colaborar em obras edificantes. Mesmo aí encontrou gargalhadas por parte de alguns companheiros. Ninguém confiava nele. Aos olhos alheios era relaxado e dissipador. Verificou o mísero que a impaciência e a revolta passaram a frequentar-lhe o coração. Surpreendia-se, por vezes, irado e infeliz, ensaiando reações.

Socorrido, porém, pela sublime claridade da fé, proclamou a incapacidade de suportar a pobreza absoluta e, genuflexo, implorou ao Senhor:

— Mestre amado, sei que me abres a porta sempre que bato confiante, mas, em verdade, ignoro a essência de meus próprios desejos. Reconheço agora que dispensas a riqueza, o poder e a glória de teus dons, conforme os méritos e as necessidades dos aprendizes. Não dás a escassez extrema àquele que ainda não sabe utilizá-la para o bem, nem confias tuas dádivas aos que não sabem como transportá-las entre os homens ingratos e cruéis. Conheces a posição de cada um de nós e medes, com sabedoria, a extensão de nossas possibilidades. Não conferes o benefício da lágrima ao coração endurecido, como não deixas o cetro da direção, por muito tempo, nas mãos levianas ou inábeis; não concedes a pobreza absoluta a quem não sabe aproveitar o sofrimento, como não permites que a riqueza se demore na moradia dos insensatos!... Emudece, Senhor, os pedidos de minha ignorância, não permitas que eu te suplique situações que desconheço... Modifica minha vontade, para que meus desejos concordem com os teus desígnios... Até hoje tenho sido cego! não me negues tua misericórdia!... Faze que eu veja!...

O Mestre ouviu-lhe a rogativa, mas, dessa vez, não mandou emissários para a colaboração indireta. Veio, Ele mesmo, ao santuário interior do aprendiz.

O discípulo, em pranto, sentiu então que alguém lhe falava do centro da alma. Não era uma voz semelhante às vozes que escutara no mundo... Era um sopro divino, nascido da misteriosa cripta do coração, renovando-lhe todo o ser. Extasiado e feliz, reconheceu a presença do Senhor que lhe falou à consciência desperta:

— Doravante, permanecerás em mim, como permaneço em ti. Estaremos unidos para sempre!...

~ 21 ~
O empréstimo

Rosalino Perneta alcançara os círculos da morte, em falência integral.

Extrema bancarrota.

Perdera todas as ricas possibilidades que o Senhor lhe colocara nas mãos.

Estava sozinho, sob o látego[24] do remorso e do sofrimento.

Por anos longos viveu assim o desventurado, chorando os dias perdidos e implorando a concessão de oportunidades novas.

Os lustros sucediam-se uns aos outros, quando Sizínio, velho amigo espiritual, veio ao encontro dele, fazendo-se-lhe visível.

Rosalino caiu-lhe aos pés, em soluços.

— Meu abençoado amigo — clamou em lágrimas —, por que tamanha desdita? Vivo num inferno de sombras e padecimentos incríveis. Onde está Deus que não se compadece de minha miserabilidade?

Sizínio contemplou-o, paternalmente, e observou:

---

[24] N.E.: Chicote, castigo.

— Não, Perneta. Não te lastimes de semelhante modo. Antes de tudo, recorda os próprios erros e lava o coração nas águas do arrependimento. Não atendeste aos deveres humanos, não cultivaste o campo da espiritualidade enobrecida, mergulhaste a alma em verdadeiro banho de lodo. Que fazer, agora, senão suportar a reparação com paciência? Tem confiança e solidifica os bons propósitos.

O infeliz tentou enxugar o pranto copioso e, depois de outras considerações, alusivas ao passado, interrompidas pelas advertências e frases consoladoras do amigo espiritual, Rosalino terminou:

— Ah! se eu pudesse voltar!... Se eu pudesse renascer!...

E, fixando no benfeitor o olhar dorido, acentuava:

— Sizínio, meu grande irmão, não poderias obter-me a oportunidade nova? Auxilia-me, por piedade...

Intensamente comovido, o interlocutor prometeu ajudá-lo no que estivesse ao seu alcance.

E, com efeito, em breve Sizínio regressou à sombria furna, trazendo esperanças novas.

Rosalino recebeu-o, radiante.

— Perneta — disse o amigo generoso —, sabes que o aval é ato grave para quem lhe assume a responsabilidade.

— Sei, sim — respondeu o mísero.

E o benfeitor prosseguiu:

— Não ignoras também que, por enquanto, não tens direito a reclamação alguma.

— Reconheço.

— Desconsideraste as oportunidades divinas, menosprezaste a família, o trabalho, o corpo físico...

— Tudo é verdade — gemeu o infeliz.

— Pois bem — continuou a entidade amiga —, não encontrei nenhuma expressão valiosa em tua existência última, na qual me pudesse basear, a fim de pedir alguma coisa em teu nome. Em razão disso, não somente reforcei tuas súplicas, como também solicitei um empréstimo para a tua experiência nova. Há na Terra grande movimento de restauração do Evangelho, renovando esperanças e redimindo corações. Terás nele humilde e valiosa posição de trabalhador e ensinarás, no plano dos encarnados, o caminho justo aos necessitados da esfera visível e invisível. Entretanto, meu caro, o serviço não será fácil, porque não se resumirá a questão de palavras. Serás constrangido a viver o ensinamento em ti mesmo, não atenderás aos caprichos próprios, não procurarás o contentamento da ilusão, mas, sim, atenderás a tudo o que represente interesse de Jesus, no círculo das criaturas. Deves muito aos homens e encontrarás no empréstimo a que me refiro os recursos indispensáveis ao pagamento.

Rosalino ouvia, feliz.

— Recomendo, com insistência — acentuou Sizínio, criterioso —, não esqueças a tua condição de devedor. O lar, o carinho dos teus, a bênção materna, a saúde física, o ambiente de trabalho, o pão cotidiano, o campo de testemunho cristão e todas as demais possibilidades constituirão o precioso depósito do Senhor confiado em caráter experimental às tuas mãos, porque não dispões ainda do justo merecimento. Recorda que vais movimentar um patrimônio que não te pertence por direito e que receberás, por bondade de Jesus, semelhante concessão a título precário. Vê como te comportas!...

Prometeu Rosalino fiel observância ao compromisso.

Fez cálculos, expôs o que pensava do futuro e até marcou o tempo de materializar no mundo as promessas que formulava, entusiasta, com o grande otimismo do devedor, junto à fonte de recursos novos.

Sizínio mobilizou as medidas necessárias e o amigo teve a felicidade de renascer junto de pais cristãos que, desde o berço, lhe forneceram sublimes notícias do Cristo.

Perneta, no entanto, nas primeiras recapitulações, demonstrou a maior teimosia e a antiga má vontade.

Não valiam lições de Jesus no Evangelho, conselhos paternais e sugestões superiores e indiretas de Sizínio que o acompanhava, solícito, do plano espiritual. Apesar de advertido, assistido e guiado, Perneta não queria saber de problemas fundamentais do destino.

Apossara-se novamente da vida terrestre, como o fauno sequioso de prazer na floresta das emoções planetárias.

Convidado ao serviço de espiritualização, não respondeu à chamada, alegando que os pais cometiam a loucura de se devotarem ao bem dos outros. Dizia-se incompreendido, inadaptado e, se alguém o compelia a raciocínios mais lógicos, reportava-se à escassez de tempo e à falta de oportunidade.

Voltou vagarosamente aos mesmos erros criminosos de outra época. Casou-se, foi esposo e pai, mas nunca se rendeu, de fato, às obrigações do lar, junto da esposa e dos filhos.

Borboleteava, à procura de sensações que lhe saciassem a vaidade.

Quando alguma voz amiga se referia à espiritualidade, esquivava-se ao assunto, apressado. Não pretendia cogitar de assuntos referentes à religião, à morte, ao "outro mundo" — dizia, enfático e orgulhoso.

Sizínio, vigilante, desvelara-se no sentido de chamá-lo aos compromissos assumidos; no entanto, tão grandes faltas perpetrara Rosalino, que, ao atingir ele os quarenta e cinco anos, outros amigos espirituais da família que o recebera, generosamente, começaram a reclamar providências ativas. Em vão se movimentou o avalista, no propósito de acordá-lo para as realidades essenciais. Perneta, porém, não respondia satisfatoriamente. Declarava-se muito bem, desenvolvendo embora a longa série de disparates.

A experiência, todavia, chegava ao fim.

Em virtude da rebeldia e da ingratidão de Rosalino, os superiores espirituais intimaram Sizínio a retirar o empréstimo concedido. Não obstante a amargura, o velho amigo foi obrigado a obedecer.

O avalista iniciou o trabalho, alimentando, ainda, a esperança de que o companheiro despertasse.

Operou devagarinho, ansioso de observar-lhe alguma reação benéfica, mas o desventurado não sabia senão revoltar-se e ferir.

Primeiramente, a esposa de Perneta foi chamada à vida espiritual; em seguida, os filhinhos separaram-se de sua companhia. A casa em que se lhe situara o ninho doméstico foi a leilão para pagamento de vultosas dívidas. Perdeu, mais tarde, o emprego e a consideração dos amigos. Os bens emprestados foram sendo recolhidos por Sizínio, lentamente.

Rosalino, porém, não mostrava qualquer sinal de renovação. Foi irredutível na maldade, na ingratidão, na blasfêmia.

Por fim, o avalista retirou-lhe a última concessão, que era a saúde física.

No leito humilde de hospital, reconsiderou Perneta a situação, refletiu com mais clareza nas bênçãos de Deus e meditou na eternidade, desejando voltar no tempo, mas... Era tarde.

Não valeram rogativas e prantos.

Em manhã muito fria, absolutamente isolado de todos, apartou-se do corpo de carne, premido pelas exigências da morte.

Recomeçou para ele, então, o angustioso caminho.

Recordou o empréstimo, a dedicação do benfeitor, os compromissos anteriores, a bondade que o cercara em todos os instantes, no transcurso de sua experiência na Terra. Implorou a presença da esposa, nas densas trevas de que se rodeava, mas o silêncio inalterável era a única resposta às suas súplicas. Não obstante envergonhado, rogou a visita de Sizínio, mas o benfeitor, agora, parecia inacessível.

Desdobraram-se muitos anos, quando, um dia, o amigo dedicado se fez visível novamente.

— Sizínio! Sizínio! — gritou Perneta, em lágrimas dolorosas. — Ajuda-me! Compadece-te de mim! Estende-me as tuas mãos, nobre amigo! Perdoa-me e atende-me!

E, antes que o velho companheiro respondesse, desfiou o rosário das justificativas, das reclamações, dos remorsos e desculpas.

Quando terminou, em soluços, o protetor fixou nele o olhar muito lúcido e asseverou:

— Por enquanto, Rosalino, ainda não paguei todas as consequências do empréstimo que te foi concedido e do qual fui espontaneamente avalista. Tuas lágrimas, agora, não me sensibilizam tão fortemente o coração.

"Ofereci-te o suor que salva, mas preferiste o pranto que lamenta. Pede, pois, ao Senhor que te renove a esperança, porque, para voltar ao empréstimo contraído, é muito tarde!..."

~ 22 ~
O semeador incompleto

Conta-se que existiu um cristão inteligente e sincero, de convicções fortes e maneiras francas, que, onde estivesse, atento às letras evangélicas, não deixava de semear a palavra do Senhor.

Excelente conversador, ocupava a tribuna com êxito invariável. As imagens felizes fluíam-lhe dos lábios quais arabescos maravilhosos de som. Ensinava sempre, conduzia com lógica, aconselhava com acerto, espalhava tesouros verbais. No entanto, reconhecia-se incompreendido de toda gente.

Em verdade, no fundo, exaltava o amor; todavia, acima de tudo, queria ser amado. Salientava os benefícios da cooperação; contudo, estimava a colaboração alheia, sentindo-se diminuído quando as situações lhe reclamavam concurso fraterno. Sorria, contente, ao receber o título de orientador; entretanto, dificilmente sabia utilizar o título de irmão. Habituara-se, por isso, ao patriarcado absorvente criado pelos homens na imitação do patriarcado libertador de Deus.

Com a passagem do tempo, todavia, suas palavras perderam o brilho. Faltava-lhes a claridade interior que somente a integração com Jesus pode proporcionar.

Servo caprichoso e rígido, insulou-se no estudo das letras sagradas e buscou situar-se nos símbolos da Boa-Nova, descobrindo para ele mesmo a posição do semeador incompreendido.

As estações correram sucessivas e a luz de cada dia encontrou-o sempre sozinho e distante...

Dizia-se enfastiado das criaturas. Semeara entre elas, afirmava triste, as melhores noções da vida, recebendo, em troca, a ingratidão e o abandono. Sentia-se ausente de sua época, desajustado entre os companheiros e descrente do mundo. E porque não desejava contrariar a si mesmo, retirara-se das atividades sociais, a fim de aguardar a morte.

Efetivamente, o Anjo libertador, decorrido algum tempo, veio subtraí-lo ao corpo físico.

Estranho, agora, ao ambiente carnal, vagueou em esfera obscura durante muitos anos. Mantinha-se apagada a lâmpada de seu coração. Não possuía suficiente luz para identificar os caminhos novos ou para ser visto pelos emissários celestes.

O inteligente instrutor, por fim, valeu-se da prece. Afinal, fora sincero em seus pontos de vista e leal a si próprio. E tanto movimentou os recursos da oração que o Senhor, ouvindo-lhe as súplicas bem urdidas, desceu em pessoa aos círculos penumbrosos.

Sentindo-se agraciado, o infeliz alinhou frases preciosas que Jesus anotava em silêncio.

Depois de longa exposição verbal do aprendiz, perguntou o Mestre, amável:

— Que missão desempenhaste entre os homens?

O interpelado fixou o gesto de quem sofre o golpe da injustiça e esclareceu:

— Senhor, minha tarefa foi semelhante à daquele semeador de tua parábola. Gastei várias dezenas de anos espalhando tuas lições na Terra. No entanto, não fui bem-sucedido no ministério. As sementes que espargi a mancheias sempre caíram em terra sáfara.[25] Quando não eram eliminadas pelas pedras do orgulho, apareciam monstros da vaidade, destruindo-as, surgiam espinhos da insensatez sufocando-as, crescia o lodo do mal, anulando-me o serviço. Nunca fugi ao esforço de oferecer teus ensinamentos com abundância. Atirei-os aos quatro cantos do mundo, por meio da tribuna privada ou da praça livre. Todavia, meu salário tem sido o pessimismo e a derrota...

Jesus fitava-o, condoído. E porque os lábios divinos nada respondessem, o aprendiz acentuou:

— Portanto, é imperioso reconhecer que te observei as advertências... Fui sincero contigo e fiel a mim mesmo...

Verificando-se novo intervalo, disse o Senhor com imperturbável serenidade:

— Se atiraste tantas sementes a esmo, que fazias do solo? Acreditas que o supremo Criador conferiu eternidade ao pântano e ao espinheiro? Que dizer do lavrador que planta desordenadamente, que não retira as pedras do campo, nem socorre o brejo infeliz? É fácil espalhar sementes porque os princípios sublimes da vida procedem originariamente da Providência divina. A preparação do solo, porém, exige cooperação direta do servo disposto a contribuir com o próprio suor. Que fizeste em favor dos corações que converteste em terra de tua semeadura? Esperavas, acaso, que o lago lodacento te procurasse as mãos para ser drenado, que as pedras te rogassem remoção, que os carrascais te pedissem corrigenda? Permaneceria a sementeira fora do plano educativo estabelecido pelo Pai Eterno para o universo inteiro?

Ante nova pausa que se fizera, o crente, desapontado, objetou:

— Contudo, tua parábola não se refere aos nossos deveres para com o solo...

---

[25] N.E.: Repleta de pedregulhos.

— Oh! — tornou Jesus, complacente — estará o mestre obrigado a resolver os problemas dos discípulos? Não me reportei à vinha do mundo, à charrua do esforço, ao trigo da verdade e ao joio da mentira? Não expliquei que o maior no Reino dos céus será sempre aquele que se transformou em servo de todos? Não comentei, muitas vezes, as necessidades do serviço?

O ex-instrutor silenciou em pranto convulso.

O Senhor, todavia, afagou-lhe pacientemente a fronte e recomendou:

— Volta, meu amigo, ao campo do trabalho terrestre e não te esqueças do solo, antes de semear. Cada coração respira em clima diferente. Enquanto muitos permanecem na zona fria da ignorância, outros se demoram na esfera tórrida das paixões desvairadas. Volta e vive com eles, amparando a cada um, segundo as suas necessidades. Aduba a sementeira do bem, de conformidade com as exigências de cada região. Esse ministério abençoado reclama renúncia e sacrifício. Atendendo aos outros, ajudarás a ti mesmo. Por enquanto, és apenas o semeador incompleto. Espargiste as sementes, mas não consultaste as necessidades do chão. Cada gleba tem as suas dificuldades, os seus problemas e percalços diversos. Vai e, antes de tudo, distribui o adubo da fraternidade e do entendimento.

Nesse instante, o ex-pregador da verdade sentiu-se impelido por vento forte. A lei do renascimento arrebatava-o às esferas mais baixas, onde, novamente internado na carne, trabalharia, não para ser compreendido, mas para compreender.

~ 23 ~
Grande cabeça

O Dr. Abelardo Tourinho era, indiscutivelmente, verdadeira águia de inteligência.

Advogado de renome, não conhecia derrotas. Sua palavra sugestiva, nos grandes processos, tocava-se de maravilhosa expressão de magnetismo pessoal. Seus pareceres denunciavam apurada cultura.

Qual cientista isolado no laboratório para descobrir uma combinação química, Abelardo se mantinha, horas e horas, no gabinete particular, surpreendendo as colisões das leis humanas entre si.

Não obstante o talento privilegiado, caracterizava-se, contudo, por traço lamentável. Não vacilava na defesa do mal, diante do dinheiro. Se o cliente prometia pagamento farto, o causídico[26] torturava decretos, ladeava artigos, forçava interpretações e acabava em triunfo espetacular.

Chamavam-lhe "grande cabeça" nos círculos de convivência comum.

---
[26] N.E.: Patrono de causas; advogado, defensor.

Temiam-no os colegas de carreira, que não lhe regateavam respeito e consideração.

Penetrando o fórum, provocava movimentos de singular interesse. Retraíam-se os companheiros, enquanto os serventuários se atropelavam a fim de atendê-lo no que desejasse.

O doutor Abelardo era sempre requisitado a serviços inadiáveis, em razão da nomeada fulgurante. Devia ser ouvido antes dos outros.

Muita vez, foi convidado a atuar, em posição destacada, nas esferas político-administrativas; entretanto, esquivava-se, maneiroso. Que representavam as singelas gratificações dum deputado, em confronto com os honorários que lhe cabiam? Verdadeiras bagatelas. Seus clientes escorcháveis eram sempre numerosos. Sua banca era frequentada por avarentos transformados em sanguessugas do povo, por negociantes inescrupulosos ou por criminosos da vida econômica, detentores de importante ficha bancária.

Abelardo nunca foi visto lutando em causa humilde, defendendo os fracos contra os poderosos, amparando infortunados contra os favorecidos da sorte.

Afirmavam não se interessar em questões pequenas.

— Grande cabeça! — asseveravam todos os conhecidos, sem restrições.

Alguém havia, porém, que acompanhava o grande intérprete da lei, sem elogios precipitados.

Era sua mãe, nobre velhinha cristã, que o alertava, de quando em quando, com sinceridade e amor.

— Abelardo, meu filho — costumava dizer-lhe, prudentemente —, não te descuides na missão do Direito. Não admitas que a ideia de ganho te avassale as cogitações. Creio que a tarefa da justiça terrestre é muito delicada, além de profundamente complexa. Ser advogado, quanto ser juiz, é difícil ministério da consciência. Por vezes, observo-te as inquietações na defesa dos clientes ricos e guardo apreensões justas. Não te impressiones pelo dinheiro, meu filho! Repara, sobretudo, o dever cristão e o bem a praticar. Sinto falta dos humildes em derredor de teu nome. Ouço os aplausos de teus colegas e conheço a estima que desfrutas no seio das classes abastadas, mas ainda não vi, em teu círculo, os amigos apagados de que Jesus se cercava sempre. Nunca pensaste, Abelardo, que o Mestre divino foi advogado da mulher infeliz e que, na própria cruz, foi ardoroso defensor dum ladrão arrependido? Creio que o teu apostolado é também santo...

O eminente homem da legalidade meneava a cabeça, em sinal de desacordo, e respondia:

— Mãezinha, os tempos são outros. Devo preservar as conquistas efetuadas. Não posso, por isso, satisfazer-lhe as sugestões. Compreende a senhora que o advogado de renome necessita clientela à altura. Aliás, não desprezo os mais fracos. Tenho meu gabinete vasto, onde dou serviço a companheiros iniciantes, junto aos quais os menos favorecidos do campo social encontram os recursos que reclamam...

— Oh! meu filho — retrucava a senhora Tourinho, afetuosa —, estimaria tanto ver-te a sementeira evangélica!...

O advogado interceptava-lhe as observações, sentenciando:

— A senhora, porém, necessita compreender que não sou ministro religioso. Não devo ligar-me a preceituação estranha ao Direito. E é tão escasso o tempo para a leitura e análise dos códigos que me não sobra ensejo para estudos do Evangelho. Ao demais — e fazia um gesto irônico —, que seria de meus filhos e de mim mesmo se apenas me rodeasse de pobretões? Seria o fim da carreira e a bancarrota geral.

A genitora discutia, amorosa, fazendo-lhe sentir a beleza dos ensinamentos cristãos, mas Abelardo, que se habituara aos conceitos elogiosos de toda gente, não se curvava às advertências maternas, conservando mordaz sorriso ao canto da boca.

Se ele fosse amigo sincero dos afortunados da vida, personificando um conselheiro caridoso, nenhum delito lhe assinalaria a atitude individual; no entanto, o causídico famoso abeirava-se dos abastados, explorando-lhes as paixões e agravando-lhes o desequilíbrio da mente desregrada. Em suma, queria dinheiro fácil, anestesiando a consciência de qualquer modo. Iludira-se com a opinião pública que o considerava "grande cabeça" e colocou todas as possibilidades de sua vigorosa inteligência a serviço das aquisições menos dignas.

A experiência terrestre, contudo, foi passando, devagar, como quem não sentia pressa em revelar a eternidade da Vida infinita.

A senhora Tourinho regressou à Espiritualidade, muito antes do filho, persistindo, entretanto, na mesma dedicação, inspirando-o e ajudando-o, por meio do pensamento.

Abelardo, todavia, jamais cedeu. Sentia-se a suprema cabeça em seu círculo, com a última palavra nos assuntos legais.

E foi assim que a morte o recolheu, envolvido em extensa rede de compromissos.

Muito tarde, compreendeu o antigo lidador do Direito as tortuosidades perigosas que traçara para si mesmo.

Muito sofreu e chorou nos caminhos novos.

Não conseguia levantar-se; achava-se caído, na expressão literal.

Crescera-lhe a cabeça enormemente, subtraindo-lhe a posição de equilíbrio normal. Colara-se à terra, entontecido e frequentemente atormentado pelas vítimas ignorantes e sofredoras.

A devotada mãezinha visitava-o, variadas vezes, administrando os socorros ao seu alcance.

Os anos, no entanto, deslizavam rápido, sem que a senhora Tourinho lograsse resultados animadores.

Prosseguia o penitente, na mesma situação de imobilidade, deformação e sofrimento.

Reparando, certa feita, a ineficácia de seus carinhos, trouxe um elevado orientador de almas à paisagem escura.

Pretendia um parecer, a fim de reformar diretrizes de ação.

O prestimoso amigo examinou o paciente, registrou-lhe as pesadas vibrações mentais, pensou, pensou e dirigiu-se à abnegada mãe, compadecido:

— Minha irmã, o nosso amigo padece de inchação da inteligência pelos crimes cometidos com as armas intelectuais. Seus órgãos da ideia foram atacados pela hipertrofia de amor-próprio. Ao que vejo, a única medida capaz de lhe apressar a cura é a hidrocefalia[27] no corpo terrestre.

A nobre genitora chorou amargurada, mas não havia remédio senão conformar-se.

E, daí a algum tempo, pela inesgotável bondade do Cristo, Abelardo Tourinho podia ser identificado por amigos espirituais numa desventurada criança do mundo, colada a triste carrinho de rodas, apresentando um crânio terrivelmente disforme, para curar os desvarios da "grande cabeça".

---

[27] N.E.: Aumento anormal do fluido cefalorraquidiano dentro da cavidade craniana, que resulta em deficiência mental e convulsões.

~ 24 ~
Proteção educativa

No jardim da residência confortável da família Torres, palestravam duas entidades espirituais.

Ezequiel, esclarecido mensageiro e amigo desvelado, viera observar os serviços de Antônio junto àquele núcleo familiar, que os dois haviam tomado sob dupla guarda, em razão dos elos afetivos que os reuniam entre si, desde muitos séculos.

— Como seguem os nossos tutelados? — inquiriu o emissário que vinha de plano superior — compreendem agora a proteção divina? Com que esperança vivo refletindo na situação deles! Sabe você que muito devo a Malvina e a João, em face das minhas duras tarefas no pretérito... Tive a felicidade de adiantar-me na senda evolutiva; no entanto, não me seria possível esquecê-los.

O companheiro ouvia-lhe as expressões sem ocultar a profunda melancolia que lhe transparecia no rosto.

Ezequiel, todavia, dando curso às emoções sublimes do momento, prosseguiu:

— Congreguei meus velhos amigos com os adversários de outra época e espero que, transformados em pais e filhos no cadinho doméstico, possam agora avançar no rumo da paz que excele o humano entendimento. A gratidão não olvida os bens recebidos.

— É o que acontece igualmente entre nós ambos, meu caro — murmurou Antônio, comovido —, não posso apagar da lembrança o débito que me vincula à sua generosidade...

Como se não desejasse receber agradecimentos diretos, Ezequiel modificou a rota da conversação, acrescentando:

— Malvina comporta-se bem na luta redentora?

O interpelado mostrou sinais de amargura no semblante abatido e respondeu:

— Não tem sabido enfrentar a facilidade e a abundância. Vive aflita sem causa e insatisfeita sem motivo.

— Com tantos recursos que lhe são conferidos? — interrogou o superior admirado.

— Infelizmente assim é.

— Há alguma enfermidade grave atormentando a família?

Esboçou Antônio significativo gesto e acentuou:

— Segundo sabemos, o corpo ocupado pela alma doente não pode acomodar-se com a saúde perfeita; mas, no círculo de minhas possibilidades, esforço-me, quanto possível, para que Malvina, João e os filhos estejam equilibrados. Nunca se levantam, cada manhã, sem que eu os assista com elementos fluídicos de medicação, e, desse modo, tenho tido o prazer de vê-los bem-postos, no trabalho comum que edifica sempre.

— É, porventura, insuficiente o salário que recebem?

— Quanto a isso — elucidou Antônio —, marcham na Terra em carro confortável e precioso. O chefe da casa dirige um escritório com remuneração excelente. José e Oscar, os dois filhos mais velhos, são altos empregados de uma oficina em Todos os Santos; Hermenegildo e Paulo, os dois menores, trabalham no centro urbano, com vencimento compensador.

— Sofrem alguma perseguição descabida?

— Desfrutam geral estima e, além disso, incumbo-me de auxiliá-los diariamente, conforme suas recomendações, colaborando, indiretamente, na solução de todos os problemas que os interessam de perto.

— Possuem razão séria para desgostos íntimos?

Antônio sorriu e obtemperou:

— Não contam com motivos quaisquer para contrariedades fortes; entretanto, procuram-nos. Vivem nervosos e exasperados. O espírito materno é sempre a fonte de inspiração para o santuário doméstico, e a posição atual de Malvina, nesse sentido, é das mais deploráveis. Tanto se queixou a nossa amiga que o marido e os filhos andam hoje contagiados do mesmo mal. Afirmam-se desprotegidos, cansados, desiludidos da sorte. Não há ensinamento que os esclareça, alegria que os alente ou remuneração que os satisfaça.

Ezequiel, preocupado, considerou, depois de longa pausa:

— Observarei pessoalmente.

Demandaram o interior, em atitude fraterna.

Era manhã e dona Malvina, muito distante do governo do lar, mantinha-se em prosa comprida com uma senhora da vizinhança.

— Dona Amélia — comentava, gesticulando —, a senhora está muito enganada quanto à nossa situação. Meu esposo recebe ordenado miserável. Meus filhos não ganham para viver com decência. Já não sei como solucionar os presentes enigmas financeiros. Estamos empenhados em armazéns e lojas. Ocasiões aparecem nas quais, francamente, não sei como me comportar.

— É estranho — clamava a interlocutora —, porquanto sempre supus a sua casa em ótimas condições.

— Eu? Nós? — tornava a protegida de Ezequiel. — Vivemos atolados em débitos pesados... Ah! minha amiga, minha amiga! Enquanto João se esgota, morro aos bocadinhos, entre aflições de toda sorte. Somos muito infelizes!

Lamentações alongaram-se pelas horas adentro.

E tão logo se despediu a vizinha, outra amiga apareceu, continuando Malvina no mesmo diapasão:

— Andava saudosa de sua palestra, minha boa Teresa! As pessoas atormentadas e sofredoras, assim como eu, necessitam ouvi-la.

— No entanto, dona Malvina — objetava a amiga bondosa —, o seu aspecto é outro. Creio encontrá-la muito forte e tranquila...

— Eu, minha filha — respondia a senhora Torres, tornando a voz comovedora e mais trêmula —, nunca sofri tanto quanto agora... Não sei o que será de nós. Tudo está negro em nossos caminhos. No serviço, o esforço de João não é apreciado na devida conta e meus desventurados filhos se esfalfam inutilmente entre exigências indébitas dos administradores e vãs promessas de melhoria. Até onde iremos com as nossas provações amargas? Já não sei orar e tão grandes têm sido os nossos padecimentos que a fé me parece vazia, sem expressão...

Daí a instantes, enquanto Malvina desfiava o longo rosário de lágrimas verbais, entra o marido para o almoço, seguido pelos filhos, com alguns minutos de espaço.

A visitante, atordoada, sem mais delonga despediu-se e a residência dos Torres converteu-se num purgatório de imprecações. O chefe da casa insurgia-se contra os políticos, contra os acionistas da empresa a que se ligara, reclamava quanto ao pão malfeito e condenava o guardanapo malposto, fazendo larga ostentação de autoridade, ao passo que os filhos lhe copiavam os gestos, excedendo-se em afirmações levianas ou insensatas.

Dona Malvina, no centro daquele desvairado parlamento doméstico, enxugava os olhos inchados de chorar, proclamando-se a mais infeliz das mulheres.

Por duas horas consecutivas, ali esteve Ezequiel, observando discussões e reclamações.

O grupo não encontrava um minuto sequer para conversar edificando.

Aquela meia dúzia de corações reunidos semelhava-se a um poço de águas envenenadas, expelindo lodo pelas bordas.

Fundamente consternado, o benfeitor dirigiu-se a Antônio, com amarga inflexão:

— É lastimável identificar a atitude de nossos velhos amigos. Infelizmente, não sabem receber o concurso da amizade reconhecida. Não dispõem de suficiente educação para registrar as manifestações de nossa ternura. Em benefício de todos, porém, ficarão a sós, por algumas semanas...

Antes que o mentor concluísse, perguntou Antônio, espantado:

— Que diz? Deixaremos Torres sem assistência? Que será dessa pobre família?

— Não aplicaremos remédio violento — elucidou Ezequiel, convencido —; a proteção aos companheiros na carne é análoga à que se dá às plantas. De quando em quando, é preciso retirar, mudar ou renovar. Malvina, João e os filhos permanecerão sem escoras durante trinta dias; você virá comigo para descansar, em férias, e verificaremos o proveito de semelhante medida. Creio que nesse pouco tempo fará Malvina intensivo curso de entendimento, serviço, gratidão e prece. Nossa amiga tem recebido até hoje a proteção confortadora, mas, doravante, necessita receber a proteção educativa.

O programa traçado foi cumprido integralmente.

A breve trecho, a casa dos Torres experimentou enorme alteração.

Tão logo se ausentou Antônio, o silencioso amigo oculto, o desespero ali atingiu a culminância.

Os filhos do casal, no dia imediato ao do afastamento dele, se empenharam em luta corporal, no repasto da tarde, e Oscar teve o braço direito quebrado, recorrendo à intervenção médica. No terceiro dia, Hermenegildo foi dispensado do trabalho, por insubordinação. No quarto, José foi conduzido à Santa Casa em vista de inesperada apendicite com supuração. No quinto dia, o chefe da família foi atropelado por automóvel, ao sair do escritório, sendo transportado ao pronto-socorro e, no sexto dia, Paulo era trazido para casa, em carro da assistência municipal, em razão de queda espetacular no serviço.

Dona Malvina não encontrou mais tempo para se queixar do mundo e da sorte, e, findos os trinta dias do programa, quando Ezequiel e Antônio lhe penetraram, de novo, o domicílio, encontraram-na em oração, profundamente transformada.

~ 25 ~
Simeão e o menino

Dizem que Simeão, o velho Simeão, homem justo e temente a Deus, mencionado no evangelho de Lucas, após saudar Jesus criança, no templo de Jerusalém, conservou-o nos braços acolhedores de velho, à distância de José e Maria, e dirigiu-lhe a palavra, com discreta emoção:

— Celeste Menino — perguntou o patriarca —, por que preferiste a palha humilde da manjedoura? Já que vens representar os interesses do Eterno Senhor na Terra, como não vestiste a púrpura imperial? Como não nasceste ao lado de Augusto, o divino, para defender o flagelado povo de Israel? Longe dos senhores romanos, como advogarás a causa dos humildes e dos justos? Por que não vieste ao pé daqueles que vestem a toga dos magistrados? Então, poderias ombrear com os patrícios ilustres, movimentar-te-ias entre legionários e tribunos, gladiadores e pretorianos, atendendo-nos à libertação... Por que não chegaste, como Moisés, valendo-se do prestígio da casa do faraó? Quem te preparará, embaixador do Eterno, para o ministério santo? Que será de ti, sem lugar no Sinédrio? Samuel mobilizou a força contra os filisteus, preservando-nos a superioridade; Saul guerreou até à morte, por manter-nos a dominação; Davi estimava o fausto do poder; Salomão, prestigiado por casamento de significação política, viveu para administrar os bens enormes que lhe cabiam no mundo... Mas... Tu? Não te ligaste aos príncipes, nem aos juízes, nem aos sacerdotes... Não encontrarias outro lugar, além do estábulo singelo?!...

Jesus menino escutou-o, mostrou-lhe sublime sorriso, mas o ancião, tomado de angústia, contemplou-o, mais detidamente, e continuou:

— Onde representarás os interesses do supremo Senhor? Sentar-te-ás entre os poderosos? Escreverás novos livros da sabedoria? Improvisarás discursos que obscureçam os grandes oradores de Atenas e Roma? Amontoarás dinheiro suficiente para redimir os que sofrem? Erguerás novo templo de pedra, onde o rico e o pobre aprendam a ser filhos de Deus? Ordenarás a execução da lei, decretando medidas que obriguem a transformação imediata de Israel?

Depois de longo intervalo, indagou em lágrimas:

— Dize-me, ó divina Criança, onde representarás os interesses de nosso supremo Pai?

O menino tenro ergueu, então, a pequenina destra e bateu, muitas vezes, naquele peito envelhecido que se inclinava já para o sepulcro...

Nesse instante, aproximou-se Maria e o recolheu nos braços maternos. Somente após a morte do corpo, Simeão veio a saber que o Menino celeste não o deixara sem resposta.

O Infante sublime, no gesto silencioso, quisera dizer que não vinha representar os interesses do Céu nas organizações respeitáveis, mas efêmeras da Terra. Vinha da Casa do Pai justamente para representá-lo no coração dos homens.

~ 26 ~
A serva nervosa

A senhora Mercedes Nunes, desde muito chamada à tarefa espiritual, não se adaptara aos serviços mediúnicos, aos quais fora conduzida para o trabalho de redenção.

Os companheiros de Doutrina esforçavam-se para despertar-lhe a noção de responsabilidade, e os benfeitores desencarnados rodeavam-na de apelos e incentivos.

Dona Mercedes, porém, não obstante as nobres qualidades que lhe exornavam o caráter, não se conformava:

— Sou extremamente nervosa — costumava dizer —, não me resigno a determinadas situações!...

— Mas a senhora não vê as entidades espirituais, não lhes ouve as advertências diretas? — perguntava um amigo bem-intencionado.

— Sim, sim... — respondia, confundida — não alimento qualquer dúvida. Os Espíritos conversam comigo naturalmente. Ouço-lhes a palavra sábia e amiga, registro-lhes os convites generosos. Explicam-me os impositivos de trabalho, salientam a tarefa depositada em minhas mãos; no entanto, vejo-me incapacitada, em vista do sistema nervoso deficiente. A visão de almas sofredoras e de pessoas doentes me apavora. Causa-me incoercível mal-estar e indizível temor. E, por outro lado, caso se operasse o meu desenvolvimento mediúnico, de que modo poderia eu satisfazer as filas intermináveis de mendigos, aflitos e desesperados da sorte que me cercariam mesmo neste mundo?! Ah! realmente, não posso, não me sinto preparada...

Perante afirmativas tão peremptórias, os melhores amigos se recolhiam ao silêncio, desapontados.

Se dona Mercedes, guardando valores medianímicos tão extensos, se declarava incapaz de movimentar o patrimônio espiritual com que fora agraciada pelo Alto, que fazer senão aguardar a renovação de atitudes, por parte dela própria?

O marido, sumamente devotado aos serviços da caridade cristã, rogava-lhe, com insistência:

— Mercedes, por que não nos consagramos à missão da fraternidade e da luz? Não concordas, querida, que a inexistência de filhos em nosso jardim conjugal é forte argumento a favor de minha interrogação? Estamos quase sós, dispomos de belas oportunidades de tempo e expressivos recursos materiais. Por que não nos dedicarmos à sementeira do bem? Quantas dores poderemos aliviar, quanto consolo a distribuir!... Além de tudo, Mercedes, a vida pede idealismo criador.

— Ora, Joaquim — acentuava a esposa, ferida no amor-próprio —, e meus nervos?

E, denunciando a recôndita má vontade, acrescentava:

— Receio, igualmente, as mistificações, as contrariedades... Abertas as portas de nossa casa às incursões públicas, não teríamos sossego... Não pertenceríamos ao lar, que passaria, de imediato, à condição de propriedade alheia... A pretexto de praticar o bem, seríamos fatalmente arrastados a escuro turbilhão...

— Não tanto — objetava o companheiro, previdente —, aprenderíamos a aproveitar os minutos, atrairíamos grande família pelos laços do coração e estaríamos, sem dúvida, adquirindo a preciosa ciência do controle próprio.

A esposa, entretanto, revidava, irritadiça:

— E meus nervos doentes? Impossível!...

Joaquim sorria, algo desencantado, e continuava observando:

— Não transformes pequenos dissabores em fantasmas. Assinalemos a obra de nossa própria elevação, ainda por fazer; vejamos, antes de tudo, as necessidades de cooperação com o Cristo!

Dona Mercedes, no entanto, interceptava-lhe as palavras, clamando, intempestiva:

— Minha saúde não permite. Não disponho de enfibratura nervosa para tolerar a contemplação de entidades desequilibradas do outro mundo, nem resistência para acomodar-me com os enfermos deste... Positivamente, não posso...

Como o esposo a fitasse serenamente, sem reprovação e sem desalento, concluía, enfadada:

— É assunto para outra reencarnação...

Nas reuniões doutrinárias era amparada por advertências sublimes.

— Mercedes, minha filha — escrevia-lhe a mãezinha carinhosa, que, desde muito, a precedera no túmulo —, vale-te da presente oportunidade para a renovação em Jesus. A reforma interior reclama trabalho, sacrifício e constantes demonstrações de boa vontade. Lembra-te de que o Senhor foi altamente magnânimo para contigo, abrindo-te as portas a soberanas edificações espirituais. Acalma os impulsos nervosos e coopera com os teus irmãos na fé, alicerçando o futuro divino. Ninguém trai, impunemente, os deveres essenciais a cumprir. Por que a irritabilidade perante a dor? Porventura dela estaríamos isentos? O obstáculo é serviço educativo para aquele que o encontra e para quem ajuda a solucioná-lo. Grandes sofrimentos significam grandes e abençoadas renovações. É indispensável sondar o segredo da tempestade, para que possamos receber-lhe a mensagem divina. Tremer ante as paisagens dolorosas não representa sensibilidade construtiva. Precisamos firmeza no desempenho das obrigações mais justas. Admitirias, acaso, a concessão celestial sem responsabilidade terrestre ou as dádivas do Alto sem objetivo sagrado? Se enxergas aqueles que já penetraram o país da morte e se lhes ouves a voz, é imperioso recordar que não deterias semelhantes possibilidades sem fins valiosos. Colabora, pois, nas edificações do bem, aproveitando o melhor tempo.

Dona Mercedes, no entanto, apesar de receber as mensagens maternais, sentindo-lhes o conteúdo superior, não se rendia à verdade.

Afirmava-se esgotada, abatida, exausta.

E como a Sabedoria divina não pode esperar pelos caprichos humanos, a fim de que se processe a obra do aperfeiçoamento geral, os recursos mediúnicos da serva imprevidente minguaram, pouco a pouco, fazendo-se cada vez mais imprecisos, até que desapareceram completamente, com a passagem dos anos.

Rolavam os dias, devagarinho, e dona Mercedes prosseguia atenta aos caprichos pessoais.

Continuava crente, recordava os fenômenos observados por ela mesma, mas enquanto Joaquim se dedicava, quanto lhe era possível, ao bem dos outros, a esposa refugiava-se nos pontos de vista que lhe eram peculiares.

Não desejava preocupar-se nem responsabilizar-se, para não agravar os padecimentos do corpo demasiado sensível.

O tempo, entretanto, encarregou-se de transformar-lhe a concepção doentia.

Quando a velhice lhes bateu à porta, Joaquim partiu em primeiro lugar, com a paz do trabalhador fiel ao campo até ao fim do dia.

Começou, então, a rude prova de dona Mercedes.

A saudade amortalhou-lhe a alma na viuvez imprevista.

Onde se ocultava, agora, o companheiro carinhoso? Sentia-se amargurada, sem ninguém. Estava em repouso físico, no lar silencioso, adornado e calmo, como sempre desejara; no entanto, não conseguia pacificar o íntimo. A solidão assustava-a. Suspirava pela companhia de alguma afeição anônima que lhe mitigasse a fome de fraternidade, pretendia ver o esposo e receber-lhe a palavra amorosa e conselheiral...

Como retomar as possibilidades mediúnicas de outra época? — inquiria, tristonha.

Faces engelhadas, sob rala cabeleira de neve, muito trêmula e esperançosa, dirigiu-se ao velho grupo doutrinário, na ânsia de ouvir a mãezinha, de novo, já que se lhe fizera inacessível a palavra do companheiro.

Reuniu-se apenas com a médium da casa e mais duas irmãs. Pedia mensagem mais íntima, em renovada orientação materna, de modo a solver o seu problema mediúnico.

Finda a sentida prece, a genitora prestimosa tomou a palavra com saudações afáveis e doces.

Dona Mercedes, em pranto, expôs o martírio do coração atormentado. Queria reapossar-se da clarividência. Aguardava, ansiosa, o instante de rever o esposo inolvidável e contribuir na missão da verdade e da luz.

A entidade afetuosa, em terna quietude, deixou que a filha derramasse todo o fel que se lhe represava na alma ulcerada e respondeu, por fim, em voz triste:

— Ah! Mercedes, por mais de vinte anos, convidei teu coração à redentora tarefa! Por que te demoraste tanto na decisão? Agora, filha, o dia está quase findo... Enferrujou-se a enxada, sem a necessária e bendita utilização. Não quiseste nem mesmo combater as impressões nervosas, vagas e infantis, acreditando mais na moléstia que na saúde. O tempo não podia esperar por ti e, agora, é necessário que esperes pelo tempo!...

— Deus meu! — exclamou a viúva, amargurada — Será mesmo impossível?

E ante as suas lágrimas convulsas, respondeu a mãezinha, angustiadamente:

— Sim, minha filha, não te posso enganar com o falso conforto. A tua tarefa mediúnica, incontestavelmente, agora, é assunto para outra reencarnação.

~ 27 ~
Espiritismo científico apenas?

    Grande contingente de estudiosos das teses espiritistas pleiteia agora uma situação especial de evidência para o Espiritismo estritamente científico, pugnando pelo esquecimento dos tesouros evangélicos. Alguns vão ao extremo de condenar a prática da prece. Outros apontam as tarefas de consolação com uma pontinha de ridículo na observação impensada e mordaz. A invocação dos ensinamentos do Cristo provoca-lhes estranheza ao coração. São discípulos que esqueceram suas origens, olvidando o carinho das mãos dedicadas que lhes guiaram os passos vacilantes do princípio.
    Querem fenômenos e prosélitos.
    Seria interessante para os novos trabalhadores do Evangelho povoarem seus centros de oração e de estudo com balanças, agulhas, trenas e máquinas elétricas. No meio de todo esse aparelhamento, haveria uma cátedra para o estranho Colombo, disposto à maravilhosa descoberta do plano espiritual, sentado calmamente

em sua cadeira. A operação mais difícil seria encontrar o Espírito verdadeiramente sábio e amigo, que viesse de sua adaptação aos desígnios de Deus para tocar o botão misterioso da maquinaria humana, como o pequeno vagabundo contratado repentinamente, nos palcos improvisados, para os toques da mágica imprevista.

É certo que ninguém poderá excluir as características científicas no exame transcendente do intercâmbio entre os vivos da Terra e os vivos do Infinito. Toda indagação séria é justa, e toda análise conscienciosa produzirá os frutos doces da verdade. Charles Richet, com toda a sua impertinência de pesquisador, prestou grande serviço à divulgação dos novos ensinamentos; suas perquirições desapaixonadas e incessantes impuseram respeito aos valores psíquicos entre os espíritos mais empedernidos de nossa época.

Mas entre a mentalidade indagadora e a mentalidade leviana existe considerável distância.

A grande questão de todos os tempos não é propriamente a de conhecer, mas a de entender a finalidade do conhecimento.

O Espiritismo constitui a porta da esperança para um mundo melhor. Seus fenômenos representam chamamentos comuns para uma compreensão mais elevada dos valores da vida. O intercâmbio entre a natureza visível e a invisível conduz a profundas ilações de ordem moral, que é necessário não esquecer. Sua expressão religiosa com o Cristo tem de ser essencial. Sua mensagem permanente tem no Evangelho os primórdios eternos. Nada poderá realizar de substancialmente útil, sem aquele divino Amigo dos homens.

Instalar mais uma ciência puramente intelectual, onde todas as expressões científicas do cérebro sem o coração já faliram desastradamente, no capítulo da elevação real da criatura, não constituiria uma leviandade de consequências fatais?

A plataforma espiritista, em todos os lugares, será, antes de tudo, uma aleluia dos corações. Suas vozes deverão reviver as lições incompreendidas daquele Mestre amoroso e sábio que veio salvar os pecadores.

O Evangelho está repleto das expressões "subir ao monte". Jesus pregava no "monte". Comumente, os discípulos iam encontrá-lo ali, de modo a lhe ouvirem o ensinamento.

Nós, entretanto, os espíritos pobres e endividados, que nos encontramos em esforços de autorreajustamento sobre a Terra, na carne ou fora de seus liames, constituímos a pesada multidão de seres indecisos no vale sombrio da morte, da enfermidade, do sofrimento. Para encontrarmos o Cristo, é indispensável a viagem difícil da montanha. É preciso alçar o coração, no sacrifício, e marchar, marchar, não obstante todos os apelos das ambições desvairadas, vencendo as sugestões do egoísmo e da tentação do bem-estar, que, por vezes, se manifestam, inesperadamente, nas observações afetuosas, de timbre familiar.

A realização cristã, que é o primeiro programa do Espiritismo santificante, não se conquista tão só com as rotulagens científicas e deduções filosóficas, mais ou menos brilhantes. Os antepassados dos discípulos atuais, nas diversas famílias religiosas do Cristianismo, adquiriram os valores da fé com a própria vida. Para conduzirem um mundo, que se perdia na destruição e na indiferença, a tomar conhecimento do Cristo, nunca se vestiram com a túnica da inconstância. Padeceram e morreram. Deram-se em holocausto, imolando-se a si próprios.

A inquietação tem sido um mal de todos os séculos. Mas seria justo perguntarmos ao homem dos tempos que correm, quando os problemas da profundidade submarina e da estratosfera o preocupam, porque se espanta consigo próprio, entre as muralhas dos livros de paz e as ruínas fumegantes das guerras.

Enquanto o Espiritismo se constitui em fonte de alívio para a compacta fileira de infelizes que buscam ansiosamente as suas águas confortadoras e claras, alguns de seus estudiosos se deixam empolgar pela mania das novidades, ansiosos pela atenção balofa dos publicistas sem consciência dos valores sentimentais.

De nossos núcleos, temos de afirmar que, sem a sintonia com o Cristo, qualquer edificação será inútil.

Taunay, em suas *Reminiscências*, conta que o conselheiro Paulino José Soares de Souza era o provedor da Santa Casa da Misericórdia, no Rio de Janeiro, quando as autoridades republicanas, logo após a queda do Império, o intimaram a eliminar o "Deus guarde" dos seus expedientes oficiais, nas relações com o governo.

Mas o Conselheiro experiente respondeu sem titubear:

— Não me é possível aceder às indicações de V. Ex.ª, porquanto, neste estabelecimento, ainda há Deus e nem se pode dispensá-lo, entre tantos sofrimentos e misérias dos homens.

E prosseguiu com as mesmas expressões.

Aos que nos disserem de um Espiritismo científico apenas, tomados pelo entusiasmo fácil dos jogos de palavras, responderemos igualmente:

— Não nos seria lícito seguir em vossas águas, porque, entre nós, antes de tudo, prevalecem os fundamentos da verdade com Jesus Cristo e, considerando a extensão de nossas necessidades, não sabemos daqui a quantos séculos poderemos pensar em modificação das velhas fórmulas.

~ 28 ~
A parábola do rico

Na pequena assembleia espiritual, estudávamos a parábola do rico.

Alguns intelectuais, brilhantes no mundo, inclinavam-se comovidos ante a necessidade de penetrarem a luz dos capítulos simples do Evangelista.

Na cátedra das lições costumeiras, a figura de Pedro Richard nos acompanhava com atenção generosa e sincera.

O quadro não era muito diferente das circunstâncias em que se poderia realizar sobre a Terra.

A esfera espiritual próxima do planeta é uma figura de transição, em que o gosto terrestre tem quase absoluta predominância.

O amplo recinto oferecia o aspecto de um parlamento singelo e acolhedor e, como ponto central, aquele velhinho, amigo de Ismael e de Jesus, com os cabelos nevados, parecendo feitos com a luz prateada das mais dolorosas experiências, ensinava o sentido oculto das preciosas lições do Cristo.

— Afinal — exclama um dos meus amigos —, existem realmente os grandes usurários e os ricos infelizes no mundo. São os dilapidadores dos bens coletivos, porque a movimentação do dinheiro poderia incentivar o trabalho, atenuando as dificuldades dos mais infortunados.

— Entretanto — atalha um dos presentes —, temos as fortunas dos grandes beneméritos da humanidade. Um Rockefeller,[28] um Carnegie,[29] que estimulam as grandes iniciativas em favor do bem público, não serão ricos amados de Deus? E os Henry Ford,[30] que transformam os pântanos em parques industriais, onde milhares de criaturas ganham honestamente o pão da vida, não merecem o respeito amoroso das multidões?

A apreciação sobre os ricos da Terra prosseguia animada, quando alguém se lembrou de submeter a Richard o assunto, em sua feição substancial.

O generoso velhinho, no entanto, replicou judiciosamente:

— Antes de tudo, só Deus pode julgar em definitivo as suas criaturas; mas, como considero o planeta terrestre uma abençoada escola de dor que conduz à alegria e de trabalho que encaminha para a felicidade com Jesus, devo assinalar que, na carne, não conheço senão Espíritos cheios de débitos pesados, com as mais vastas obrigações, perante a obra de Deus, que é o país infinito das almas. Quem será o senhor das riquezas, senão o próprio Pai que criou o universo? Onde estão os bancos infalíveis, ou os milionários que possam dispor eternamente dos bens financeiros que lhes são confiados? As expressões cambiais do mundo são convenções que outras convenções modificam. Basta, às vezes, um sopro leve das marés sociais para que todos os quadros da riqueza humana se transformem. Tenho de mim para comigo que, no mundo, o dinheiro a gastar, como a dívida financeira

---

[28] N.E.: John Davison Rockefeller (1839-1937), industrial americano.

[29] N.E.: Andrew Carnegie (1835-1919), industrial americano.

[30] N.E.: (1863-1947), industrial e pioneiro da indústria automobilística americana.

a resgatar são também oportunidades que o Senhor de todas as coisas nos oferece, para que sejamos dignos dele. O crédito exige a virtude da ponderação com a bondade esclarecida, e o débito reclama a virtude da paciência com o amor ao trabalho.

A essas palavras justas, que nos conduziam a um campo de novas especulações sentimentais, um dos nossos irmãos de esforço, antigo socialista extremado na Terra, entusiasmando-se, talvez em excesso, com as elucidações do generoso mentor, exclamou efusivamente:

— Muito bem! Sempre encontrei no capital um fantasma para a felicidade humana.

Pedro Richard endereçou-lhe o olhar, cheio de mansuetude, e explicou com bondade:

— Quem te afirmou que o capital no mundo é um erro?

E depois de uma pausa, dando a conhecer que desejava acentuar suas palavras, acrescentou:

— Podemos assinalar a dedo os raríssimos homens da Terra que conseguem trabalhar sem o aguilhão. O capital será esse aguilhão, até que as criaturas entendam o divino prazer de servir. Para os mais abastados, ele tem constituído a preocupação bendita da responsabilidade, e para a generalidade dos homens, o estímulo ao trabalho. O capital é um recurso de sofrimento purificador, não somente para os que o possuem, mas para quantos se esforçam pelo obter. É o meio pelo qual o amor de Deus opera sobre toda a estruturação da vida material no globo; sem sua influência, as expressões evolutivas do mundo deixariam a desejar, mesmo porque os Espíritos encarnados estariam longe de compreender os valores legítimos da vida, sem a verdadeira concepção da dignidade do trabalho.

O nosso amigo quedou-se em meditação.

Aqueles esclarecimentos generosos e simples profundamente nos surpreendiam.

O mentor benévolo e sábio continuou as suas elucidações evangélicas. Explicações desconhecidas e inesperadas surgiam de seus lábios, derramando-se em nossos Espíritos, como jatos de luz. Eram novas claridades sobre a figura incompreendida e luminosa do Cristo, revelações de sentimentos que nos conduziam ao máximo de admiração.

Grande número de literatos desencarnados no Brasil, filiados às mais diversas escolas, escutavam-lhe os conceitos simples e profundos.

Foi então que, ao fim dos estudos, e nas derradeiras observações, um velho conhecedor das letras evangélicas adiantou-se para o velhinho bom, interrogando:

— Richard, as tuas explicações são judiciosas e derramam novas claridades em nosso íntimo. Mas sempre ponderei uma questão de essencial interesse, nessa parábola do Evangelho. Por que motivo o santificador Espírito de Abraão, personificando a Providência divina junto de Lázaro redimido, não atendeu às súplicas do rico desventurado? Não era este também um filho de Deus? Observando os teus esclarecimentos de agora, sinto esta interrogação cada vez mais forte em minha alma, porque, afinal, o homem rico do mundo pode ser, muitas vezes, uma criatura indigente na aspereza das provas. Como esclarecer esse problema que nos induz a supor certa insensibilidade nas almas gloriosas que já se redimiram das vicissitudes da existência material?

O esclarecido comentador da palavra de Jesus replicou com veemência e brandura:

— Insensibilidade nos mensageiros do bem? Esse conceito nasce da nossa deficiência de verdadeira compreensão. Abraão e Lázaro viram nos sofrimentos do rico a misericórdia inesgotável do Pai celestial que, dos nossos erros mais profundos, sabe extrair a água amargosa que nos há de curar o coração. Ambos compreenderam que seria contrariar os desígnios divinos levar ao irmão torturado uma água mentirosa que lhe não mataria a sede espiritual. Quanto ao mais, que pedia o rico ao Espírito generoso de Abraão? Rogava-lhe que Lázaro voltasse ao mundo para dar a seus pais, a sua mulher, a seus filhos e irmãos as verdades de Deus, a fim de que se salvassem. Como não se lembrou de pedir a difusão dessas mesmas verdades, entre todas as criaturas? Por que razão somente pensou nos seus amados pelo sangue, quando todos os homens, nossos irmãos, têm necessidade da paz de Deus, que é a água viva da redenção? A solicitação do rico é muito semelhante à maioria das súplicas que partem dos caminhos escuros da Terra, filhas do egoísmo ambicioso ou do malfadado espírito de preferência das criaturas, orações que nunca chegam a Deus, por se apagarem no mesmo círculo de sombra e ignorância em que foram geradas pela insensatez dos homens indiferentes!...

O nosso amigo religioso recebera também a sua lição.

As elucidações evangélicas do dia estavam terminadas.

No recanto silencioso, a que me recolho com as heranças tristes da Terra, intensifiquei as minhas reflexões sobre a grandeza desconhecida do Cristo e, contemplando as perspectivas angustiosas dos quadros sociais da existência terrestre, comecei a meditar, com mais interesse, na profunda parábola do rico.

29
O quinhão do discípulo

Cercado de potências angélicas, o Mestre dos mestres recebia a longa fileira de almas necessitadas, a chegarem da Terra, trazidas pelas asas veludosas do sono.

Rogativas particulares sucediam-se ininterruptas. E o divino Dispensador as acolhia afavelmente. Para as solicitações mais disparatadas, oferecia a ternura do benfeitor e o sorriso do sábio. Jovens e velhos, adultos e crianças eram admitidos à augusta Presença, um a um, expondo cada qual sua necessidade e sua esperança.

— Senhor — implorava carinhosa mãe, de olhos súplices —, meus filhos aguardam-te a complacência vigilante!

E prosseguia, aflita, enumerando intrincados problemas domésticos, destacando projetos para o futuro, na experiência carnal.

O Mestre ouviu e recomendou aos cooperadores atendessem a súplica na primeira oportunidade.

Seguiu-se-lhe linda jovem que rogou, ansiosa:

— Oh! Jesus, atende-me! Socorre meu noivo que sucumbe... Livra-o da morte, por piedade! Sem ele, não viverei!...

O Benfeitor divino ouviu, atento, e ordenou que os emissários restituíssem o dom da saúde física ao doente grave.

Logo após, entrou velho e simpático lavrador, de gestos confiantes, que se prosternou, suplicando:

— Doador da Vida, abençoa meu campo! Peço-te! Amo profundamente a terra que me confiaste. É celeiro do meu pão, recreio de meus olhos, esperança de minha velhice!...

O Pastor divino sorriu para ele, abençoou-o, afetuosamente, e determinou aos auxiliares santificassem o ritmo das estações sobre o campo daquele trabalhador devotado, para que ali houvesse flores e frutos abundantes.

Em seguida, cavalheiro respeitável penetrou o recinto de luz, evidenciando nobre posição intelectual, e solicitou, reverente:

— Protetor dos necessitados, o ideal de realizar algo de útil na Terra inflama-me o espírito... Dá-me possibilidades materiais, concede-me a temporária mordomia de teus infinitos bens! Quero combater o pauperismo, a fome, a nudez, entre os homens encarnados... Auxilia-me por compaixão!

O Embaixador do sumo bem contemplou-o, satisfeito, aquiesceu com palavras de estímulo e designou adjuntos para a articulação de providências, quanto à satisfação do pedido.

Minutos depois, entrou um filósofo que implorou:

— Sábio dos sábios, dá-me inspiração para renovar a cultura terrestre!...

O Cristo aprovou a petição, concedendo-lhe vasto séquito de instrutores.

E a legião dos suplicantes prosseguia sempre, movimentada e feliz, valendo-se da visita providencial do Celeste benfeitor às sombrias fronteiras da carne. Jesus atendia sempre, ministrando incentivos e alegrias, graças e consolações, determinando medidas aos assessores diretos.

Em dado instante, porém, o círculo foi penetrado por um homem diferente. Seu olhar lúcido falava de profunda sede interior, seus gestos respeitosos traduziam confiança e veneração imensas.

Ajoelhou-se, humilde, estendeu os braços para o emissário do eterno Pai e, ao contrário de quantos lhe haviam precedido na súplica, explicou-se com simplicidade:

— Senhor, eu sei que sempre dás, conforme nossos rogos.

Ante a estupefação geral, continuou:

— Há quase vinte séculos, ensinaste-nos que o homem achará o que procura e receberá o que pede...

O divino Orientador ouvia, comovido, enquanto os demais seguiam a cena com admiração.

O visitante reverente deixou cair lágrimas sinceras e prosseguiu:

— Vezes inúmeras, tenho lidado com o desejo e a posse, com a esperança e a realização, nos círculos transitórios da existência carnal. Estou pronto para cumprir-te os desígnios superiores, seja onde for, quando e como quiseres, mas, se permites, rogo-te luz divina do teu coração para o meu coração, paz, alegria e vigor imortais de tua alma para minha alma!... Quero seguir-te, enfim!...

Com doçura admirável, o Mestre tocou-lhe a fronte e indagou:

— Queres ser meu discípulo?

— Sim! — respondeu o aspirante da luz.

Calou-se o Cristo. Verificando-se intervalo mais longo, e considerando que todos os pedintes haviam recebido gratificações e júbilos imediatos, o aprendiz perguntou:

— Que me reservas, Senhor?

O doador das bênçãos contemplou-o com ternura e informou:

— Volta ao campo de teus deveres. Entender-me-ei contigo diretamente.

E depois de um silêncio, que ninguém ousou interromper, o Mestre concluiu:

— Reservar-te-ei a lição.

～ 30 ～
O amigo Chaves

Logo após a desencarnação de Belmiro Chaves, os companheiros do grupo efetuaram verdadeira consagração à memória dele.

Sem dúvida, fora excelente pai de família, generoso amigo e abnegado irmão.

Desde o instante em que se aproximou do Espiritismo evangélico, convertera-se em vigilante sustentáculo dos sofredores. Não obstante a condição de alfaiate humilde e sem reservas materiais, conquistara a confiança e a amizade de todos.

Integrava o quadro de médiuns curadores da casa e, em razão disso, o seu afastamento trouxera incalculável pesar. Retirava-se com ele vigorosa coluna do serviço cristão.

O louvável colaborador, contudo, se era realmente bondoso e devotado à Doutrina, não havia ainda logrado alcançar realizações espirituais decisivas em si próprio. Precisaria esforçar-se muitíssimo para desenvolver com a amplitude desejável as qualidades santificadoras que assinalam os pioneiros da elevação.

Por haver estudado o Evangelho, durante alguns anos, na Terra, não se exonerara dos grandes e indiscutíveis deveres referentes à suprema edificação interior da alma para a vida eterna. Qual ocorre à maioria dos desencarnados, em posição mais digna, Chaves necessitava intensificar os valores evolutivos e consolidar o aprendizado e a iniciação com Jesus, por meio de experiências e obrigações novas.

Os companheiros que ficavam na carne, todavia, deixavam perceber enorme desconhecimento quanto à semelhante imperativo da natureza.

Começou o mal-entendido, desde o momento em que voltavam, acabrunhados e chorosos, do cemitério distante. Reuniram-se, em prece, pelo amigo prestimoso que os antecedera no túmulo. Mas, longe de se circunscreverem ao amor, ao reconhecimento e à saudade, internaram-se pelo terreno da súplica direta, como se Belmiro houvesse atingido a galeria dum semideus. Rogavam-lhe que os não abandonasse, que os atendesse nas necessidades e problemas da luta humana. Alguns dos irmãos, menos avisados, enxertavam pedidos particulares na solicitação coletiva, agindo mentalmente, segundo autossugestões perniciosas.

O colega desencarnado, apesar de enfraquecido, no natural abatimento de grande transição, achava-se presente, ouvindo as orações, em companhia do venerável Benigno, um dos mentores espirituais do núcleo de serviço em função.

Terminados os trabalhos, Belmiro sentia-se tocado nas fibras mais íntimas. Aquela ternura dos companheiros sensibilizava-o. Nunca fizera ideia do amor que lhe dedicavam. Como não esforçar-se por eles e sacrificar-se, gostosamente, por todos?

Mergulhado nessas reflexões, foi acordado por Benigno, que o notificou afetuosamente:

— Amigo, é chegado o tempo de tua renovação. Busquemos a vida maior, onde te aguardam outros dons iluminativos e novos ensinamentos.

Chaves, porém, contemplou aquelas paredes singelas, detendo-se na paisagem interior tão estreitamente unida ao seu coração, e antecipada saudade estrangulou-lhe a alma sensível.

— Benigno, amado benfeitor — pediu, em pranto —, não me afastes daqui!... Gostaria de poder continuar ajudando aos amigos queridos, permanecendo nesta casa, a serviço deles, amparando-os nas atividades edificantes de cada dia. Quem poderá escutar o que ouvimos agora, sem prender-se ao justo reconhecimento? Todos confiam em mim, embora imperfeito servo. Se possível, digna-te, devotado instrutor, auxiliar-me para que eu prossiga beneficiando, de alguma sorte, os que ainda ficam...

O mentor fixou uma expressão facial de surpresa, e, como quem modificava de atitude, falou, muito calmo:

— Belmiro, creio que não sabes o que pedes; no entanto, não te posso violentar os sentimentos. A morte física, em qualquer circunstância, deve ser interpretada como elemento transformador, que nos cabe aproveitar, intensificando o conhecimento de nós mesmos e a sublimação de nossas qualidades individuais, a fim de atendermos, com mais segurança, aos desígnios de Deus. Acredito que no meu convite coloquei toda a substância de meu pensamento amigo, mas, se pretendes demorar neste círculo, não tenho direito a qualquer objeção. Virás comigo para o trabalho de assistência ao organismo espiritual e, logo que te refaças, satisfarás aos próprios desejos.

Belmiro mostrava-se contentíssimo, longe de entender toda a extensão da advertência preciosa.

Vigorizado em grande instituição de auxílio, regressou, incontinente, à velha tenda de trabalho, embora continuasse sob a esclarecida orientação de Belmiro.

Iniciou-se, então, para o ex-alfaiate, esmagadora tarefa. Porque Belmiro desencarnara, na posição de homem bondoso e honesto, a maioria dos companheiros dispôs-se a convertê-lo em verdadeiro escravo, tomando-o para mediador de todas as solicitações justas e injustas. Transformado no "amigo Chaves", desde a primeira semana foi convocado pelas mais estranhas exigências. Era procurado mentalmente para toda espécie de serviço. Rogava-se-lhe a assistência fraterna nas mais disparatadas situações. Era recordado insistentemente nas cozinhas, nos balcões, nas salas de costura, nos trabalhos de enfermagem, nas lutas mais vulgares de cada dia. Até aí, porém, as súplicas eram razoáveis e compreensíveis. Mas Belmiro era também instado na esfera da insensatez. Exigiam-lhe a cooperação em assuntos de baixa classe e o trabalhador era obrigado a comparecer espiritualmente para lidar com o material menos digno das paixões desregradas. Além disso, ainda era compelido a atender no campo de frivolidades inúmeras. Criaturas ociosas chamavam-no para a corrigenda em crianças vadias, à busca de objetos perdidos e à obtenção de notícias prematuras. O ex-alfaiate não conhecia descanso. Enquanto outras entidades se desligavam naturalmente dos afazeres, em pausas necessárias de repouso, era ele forçado a contínua movimentação para atender a todos, porquanto o pensamento em súplica, de quantos lhe recorriam ao nome, agia como forte rede mental, enlaçando-o a caprichos e propósitos inferiores.

Ao fim de seis meses, afirmava-se exausto.

Impossível continuar.

Desanimado, dirigiu-se a Benigno, rogando aflitivamente.

— Meu amigo, meu generoso amigo, compadece-te de meu pobre espírito, prisioneiro de sombras e dificuldades. Não posso mais!... As solicitações da preguiça e da má-fé, as exigências dos vícios e dos caprichos humanos me atormentam o coração!...

— Não precisas prosseguir — respondeu o benfeitor, sorridente —, providenciaremos nova situação para o teu concurso fraternal. Não julguei pudesses ir tão longe na tarefa imprópria que abraçaste. São poucos os trabalhadores que se encontram habilitados a ouvir todos os pedintes, com bondade e tolerância, de maneira a satisfazê-los pelo padrão da vontade de Deus.

Somente depois de longas e porfiadas experiências, aprendemos a beneficiar sem estabelecer algemas e a servir sem a vaidade de nos sentirmos em plano superior...

E, enquanto Belmiro chorava de alegria, na expectativa de renovação e liberdade, Benigno concluiu:

— Para colaborares exclusivamente junto às inteligências encarnadas, não podes prescindir de adequada preparação. Tomarei as medidas justas a teu respeito; entretanto, meu caro, no curso de outros problemas, jamais olvides que os nossos trabalhos no Planeta, por mais belos e proveitosos, pertencem a Jesus em primeira mão. Por menosprezares semelhante verdade, é que se verifica grande atraso em teu relógio evolutivo.

31
Mau aprendiz

Bonifácio Pessanha nunca se furtou ao vício das perguntas ociosas. Onde estivesse, mobilizava interrogações despropositadas e inoportunas. Não sabia dar um passo sem escorar-se nos outros e semelhante característico desfigurara-lhe a personalidade.

Quando atravessou os portais do Espiritismo cristão, sentiu-se muito a gosto. Em seu parecer, de então em diante poderia indagar quanto quisesse. Vários médiuns, nos mais diversos grupos, estariam à disposição dele, tanto quanto as entidades invisíveis que, segundo acreditava, deveriam vaguear, em disponibilidade franca, sem métodos regulares de vida e sem programa de obrigações construtivas.

Os companheiros do núcleo que passou a frequentar notaram-lhe, de imediato, a extravagância; todavia, calavam-se, caridosos e tolerantes.

Bonifácio era novo na Doutrina. Com o tempo recolheria experiências, retificaria atitudes incertas. Contudo, tantas interrogações dirigia ele ao plano invisível, por meio de grandes laudas de papel, que Juliano, o orientador devotado da esfera espiritual, lhe escreveu, certa feita, de modo direto:

"Pessanha, meu irmão, não olvides que o mundo é também uma escola ativa. É preciso cautela para não perdermos as lições. Cada dia é uma página que preencherás com as próprias mãos, no aprendizado imprescindível. Os ensinamentos da véspera, em boa lógica, devem ser assimilados. O aluno que não se vale da experiência vivida não pode aguardar o êxito desejado. Penetraste, em renascendo, a grande universidade terrestre e vives, por alguns anos, no internato do corpo físico. E onde está, meu amigo, o instituto de ensino, em que a cátedra deve descer satisfazendo aos caprichos da carteira? Que a existência carnal é um curso educativo, de proporções vastas, cheio de probabilidades milagrosas para o discípulo de boa vontade, prova-o a morte, que nos convida a todos para exame e seleção. Crês, porventura, que o aprendiz obterá o atestado de mérito, exclusivamente pelo hábito de perguntar? Desengana-te, meu amigo! Vai ao serviço diário, rogando a luz divina para o entendimento. Mãos e pés não usados paralisam-se no caminho. Olhos e ouvidos que não iluminam nem esclarecem a inteligência apagam-se, mais tarde, à maneira de candeia inútil, ou adormecem na incapacidade, quais ruínas de uma casa em abandono. Não temas sofrimentos ou decepções. Aprende e age sempre. A dor e o obstáculo guardam para nós a função de legítimos instrutores. É um erro interpretar dificuldades à conta de punições ou pesadelos, quando nelas devemos encontrar recursos de aprimoramento e provas abençoadas. A lei é de evolução comum e de perfeição final para todos, ainda mesmo considerando a necessidade de expiação para o crime e corrigenda para o mal. Como habilitar--se o aluno sem o livro de lições? Que seria do Espírito encarnado sem a oportunidade de experimentar, atuar, lapidar-se e conhecer? É razoável que o estudante indague das finalidades do educandário a que pertence, dos regulamentos, do horário e das condições que lhe dizem respeito, mas subtrair-se ao processo de burilamento e preparação por meio de indagações sistemáticas é perigoso para si mesmo, porque o curso tem um fim, de renovar-se em outros setores da vida, e as demonstrações de aproveitamento serão exigidas a cada aluno em particular. Desse modo, não desprezes caminhar, desassombradamente, confiando em Jesus e em ti mesmo!".

Bonifácio, no entanto, parecia plenamente desentendido.

Invadia o círculo dos irmãos de ideal, com larga ofensiva de indagações, já que os benfeitores desencarnados não se mostravam dispostos à quebra intempestiva da lei.

Inquiria sempre, a propósito de tudo e de todos, figurando-se verdadeiro maníaco, não obstante afirmar-se homem de fé.

Em todas as reuniões trazia longa relação de assuntos para verrumar a paciência dos companheiros.

— Senhor Macedo — dirigia-se ao diretor dos trabalhos doutrinários —, qual o seu modo de ver relativamente à minha profissão? Não considera que estou prejudicado? Poderia estudar mais, aplicar-me à Boa-Nova, com outro ânimo, se minhas atividades fossem diferentes. Como entende o meu caso?

O interpelado, esboçando embora um gesto de estranheza, respondia, calmo:

— De mim mesmo, Pessanha, estou convencido de que a criatura pode atender ao Senhor em qualquer parte. A boa vontade, quando aliada à paciência, faz verdadeiros milagres no aproveitamento dos minutos.

Antes, todavia, de ponderar o valioso conteúdo da observação, transferia Bonifácio o assunto a um terceiro:

— Mas você, Tinoco — dirigia-se, inquieto, a outro companheiro —, não considera o meu tempo muito escasso? Torna-se muito difícil atender à Doutrina em minhas condições. Meus chefes de serviço são extremamente rigorosos.

Imagine que não disponho de ocasião para compulsar um livro. Que conclui você de meus obstáculos?

Tinoco sorria e observava:

— Pessanha, nada posso acrescentar ao parecer do nosso amigo. Não devemos forçar as situações; entendendo a necessidade da experiência pessoal. Estamos neste mundo para aprender algo de útil e nada conheceremos realmente, sem agir por nós mesmos.

Pretendia Bonifácio estender as indagações; no entanto, os trabalhos espirituais foram declarados abertos e era necessário manter atenção e silêncio.

Terminada a reunião, prosseguia ele, firme, interrogando sempre, quanto a todos os problemas corriqueiros do dia e, se alguém lhe recordava os conselhos do orientador espiritual, costumava responder que precisava perguntar por prudência, desse modo acobertando a preguiça mental com expressões de virtude.

Na sessão seguinte, voltava desatento, dirigindo-se ao diretor da casa:

— Senhor Macedo, que me diz do tratamento de minha filha Zina? Acho-me em dúvida se prossigo com a homeopatia ou se me decido pela alopatia. Que pensa o senhor de minha situação?

— Ora, Pessanha — esclarecia o confrade, pacientemente —, isto é questão de foro íntimo, de preferência individual. No capítulo da assistência à saúde, cada um tem o seu campo de confiança.

Bonifácio, irrequieto, voltava-se para dona Eponina, médium do grupo, inquirindo:

— E a senhora? que me diz? Não concorda em que eu deva mudar a medicação?

A interpelada, num gesto fraternal, atendia, solícita:

— Meu amigo, creio que nos constitui uma obrigação perseverar até o fim, no que respeita a qualquer serviço médico.

Entretanto, sou constrangida a reconhecer que todos nós solucionamos os nossos problemas, de modo particular.

Bonifácio, contudo, parecendo impermeável, em razão do vício de apoiar-se nos outros, não assimilava as lições de toda hora, ao contato de companheiros encarnados e desencarnados. E não curou a mente enfermiça, até que a morte se lhe abeirou do leito de aflitiva expectação.

No círculo das últimas provas, agravou-se-lhe a mania. Enredava os companheiros que comparecessem à visitação afetuosa, em extensos inquéritos, cheios de enigmas insolúveis. Quase todos os amigos lhe recomendavam o uso da oração ou lhe pediam procurasse o socorro de Juliano, o abnegado mentor espiritual.

A mente do enfermo vagava, apressada, num torvelinho de indagações, mas a morte trabalhava, serena, arrebatando-o, devagarinho, da esfera material.

Em certo instante, compreendeu Pessanha que não mais se achava no aposento corpóreo. Todavia, não conseguiu discernir a paisagem circundante.

Tinha agora os olhos enevoados, os pés inertes, as mãos imóveis.

Perdera, sobretudo, a noção de equilíbrio.

Acabrunhado, começou a orar, com uma espontaneidade e firmeza que antes não conhecera. Rogava a Juliano lhe esclarecesse o coração, lhe curasse as dores e lhe restituísse os movimentos. Quando terminou a prece fervorosa, a voz do prestimoso amigo se fez ouvir, nas sombras que o rodeavam, murmurando com lamentosa entonação:

— Ah! Pessanha, Pessanha! Agora é muito difícil mobilizar-te os pés, as mãos e a cabeça que teimaste em não usar. Fugiste à ginástica da luta humana que adestra a alma para as esferas mais altas. Não peças, por enquanto, as emoções da Espiritualidade superior: roga o regresso ao livro do mundo, retornando às lições benditas da experiência necessária. Quanto ao mais, conserva a paciência e a coragem, nas aflições de hoje, porque, em verdade, o homem que não percorre os roteiros justos, no aprendizado da vida, esbarra, fatalmente, nos labirintos da morte.

32
A lição de Aritogogo

Examinávamos a paisagem das ambições humanas, quando um amigo considerou:

— Que o homem atenda aos conselhos da prudência, armazenando em bom tempo, como a formiga, para os dias de necessidade e inverno forte, é compreensível e razoável. A vigilância não exclui a previdência, quando é possível amealhar com o bem; mas explorar o quadro das misérias alheias, embebedar-se na preocupação de ganhar, escravizar-se ao dinheiro é criar um inferno de padecimentos intraduzíveis.

— Quantos precipícios cavados pelo egoísmo conquistador?! — disse outro. — É lastimável observar as angústias semeadas nos caminhos humanos. As guerras não constituem senão o desdobramento das ambições desmedidas. E dizer-se que toda essa marcha de loucuras demanda as zonas da morte! Quão incompreensível a nossa cegueira, nos círculos carnais! Quantos pesadelos desnecessários e quanta ilusão para se desfazer na sepultura!...

Um dos companheiros presentes sorriu e acrescentou:

— Nesse capítulo, recebi inolvidável lição, há mais de trezentos anos, por intermédio de um chefe indígena em nosso país.

— Como assim? — perguntei, sumamente interessado.

— Em princípios do século XVII — esclareceu o interlocutor —, participava dos serviços de uma embarcação francesa, em transporte de pau-brasil. Periodicamente, dávamos à costa, onde fizéramos agradável camaradagem com os silvícolas, e, naquela época, envergando a qualidade de português do Alentejo, não tive dificuldades para aprender alguns rudimentos da língua aborígine, ao contato dos nossos. Em razão disso, o chefe da tribo litorânea, que respondia pelo nome de Aritogogo, dedicava-me especial atenção. Na sexta viagem de nosso barco, o velho bronzeado chamou-me em particular, ministrando-me uma das mais belas lições de filosofia que já recebi em toda a minha vida. Observando-nos a afoiteza em carregar o navio com a madeira preciosa, perguntou-me ele, na linguagem que lhe era familiar:

"Escute, meu amigo, não há lenha em sua terra? É preciso enfrentar o abismo das águas para alimentar o fogo no lar distante?'

"'Não, Aritogogo' — respondi, esboçando um sorriso de pretensa superioridade —, 'a madeira não se destina a fogão. O pau-brasil fornece tinta para a indústria da Europa.'

"'Mas para que tanta tinta?' — tornou ele, assombrado.

"'Para tingir a roupa dos brancos' — expliquei.

"'Ah! ah! vêm buscar a lenha para repartir com o povo' — exclamou o cacique —, 'assim como nós buscamos remédio para os que adoecem e comida para os que têm fome!...'

"'Não, não' — esclareci —; 'somos empregados de um industrial. Toda a carga pertence a um só homem. Trata-se de poderoso negociante de tintas na França.'

"Aritogogo arregalou os olhos, espantado, e indagou:

"'Que deseja esse homem com tantos paus e tanta tinta?'

"'Fazer fortuna — respondi —, 'alcançar muito dinheiro, ter muitas casas e muitos servidores...'

"O chefe índio sacudiu a cabeça e tornou a perguntar:

"'Mas esse homem nunca morrerá?'

"Ri-me francamente da interrogação ingênua e observei.

"'Morrerá, por certo.'

"'Então?' — disse o índio — 'se ele vai morrer, como nós todos, deve ser tolo em procurar tanto peso para o coração.'

"Tentei corrigir-lhe a concepção, obtemperando:

"'Esse homem, Aritogogo, está preparando o futuro da família. Naturalmente pretende legar aos filhos uma grande herança, cercá-los de fortuna sólida...'

"Foi aí que o cacique mostrou um gesto singular de desânimo, e falou em tom grave:

"'Ah! meu branco, meu branco, vocês estão procurando enganar a Deus. As tribos pacíficas, quando começam a cogitar desse assunto, esbarram nas guerras em que se destroem umas às outras. O único ser que pode legar uma herança legítima aos nossos filhos é o dono invisível da Terra e do Céu. O sol, a chuva, o ar, o chão, as pedras, as árvores, os rios são a propriedade de Deus que, por ela, nos ensina as suas leis. Retirar os nossos filhos do trabalho natural é pretender enganar o Eterno. Como podem os brancos pensar nisso?"

"Nesse momento, porém" — continuou o amigo espiritual —, "o comandante chamou-me ao posto e despedi-me de Aritogogo, para não mais tornar a vê-lo naquela recuada existência."

O companheiro espraiou o olhar pelo céu azul, como a procurar a imagem distante do cacique filósofo e concluiu:

— Desde então, modifiquei minha ideia de ganho, compreendendo onde estão o supérfluo e o necessário, a previdência e o desperdício, a sobriedade e a avareza, a reserva justa e a ambição criminosa. A lição de Aritogogo incorporou-se ao meu espírito para sempre. Com ela, aprendi que dominar o dinheiro e aproveitá-lo a bem de todos, socorrendo necessidades e distribuindo bom ânimo, é obra do homem espiritualizado; mas deixar-se dominar pelo ouro, na preocupação de ganho transitório, não reparando meios para atingir os fins, açambarcando direitos de outrem e valendo-se de todas as situações para rechear os cofres e multiplicar os lucros, tão somente para manter a superioridade convencional, em prejuízo da consciência, é obra do homem vulgar, escravizado aos gênios perversos da tirania.

～ 33 ～
A dissertação inacabada

Depois de certa pregação de Jesus, em Cafarnaum, encontrou o Mestre, em casa de Pedro, quatro cavalheiros de luzente aspecto, a lhe aguardarem a palavra.

Vinham de longe, explicaram atenciosos. Judeus prestigiosos da Fenícia, moravam em Sidom. Já haviam bebido a cultura egípcia e grega, tanto quanto a filosofia dos persas e babilônios. O anúncio da Boa Nova chegara-lhes aos ouvidos. Desejavam servir nas fileiras do Novo Reino, combatendo a licenciosidade dos costumes, na avareza dos ricos e na revolta dos pobres. Aceitavam o Deus único e pretendiam consagrar-lhe a vida.

De quando em quando, os recém-chegados retificavam as dobras das irrepreensíveis túnicas de linho alvo ou acentuavam, de leve, o apuro das sandálias.

O Senhor ouviu-lhes as informações com admirável benevolência.

Cada qual falou, por sua vez, comentando as angústias do problema social na poderosa cidade de que provinham e, após encarecerem a necessidade de transformações políticas no cenário do mundo, esperaram, curiosos, a palavra do Cristo, que lhes afirmou, bondoso:

— Está escrito: "Amarás o Senhor, nosso Deus e nosso Pai, de todo o coração, e não farás dele imagens abomináveis"; eu, porém, acrescento — fugi igualmente à idolatria de vossos próprios desejos, aniquilai o exclusivismo e não vos entronizeis na mentira, porque estaríeis lesando a Sublime Divindade.

"Recomenda Moisés: 'Não tomarás o nome do Todo-Poderoso em vão'; esclareço-vos, contudo, que ninguém deve menoscabar o nome do próximo na maledicência, na calúnia, no verbo inútil ou desleal.

"Determina o Decálogo: 'Santificarás o dia de sábado'; exorto-vos, entretanto, a não converterdes semelhante artigo em escora da ociosidade sistemática. Respeitando a pausa necessária da natureza, não a transformeis em hosanas à preguiça dissolvente.

"Manda o texto antigo: 'Venera teu pai e tua mãe nos laços consanguíneos'; todavia, é imperioso reconhecer a necessidade de respeito a todos os homens dignos, onde estiverem, olvidando-se no bem geral as fronteiras de raça, família, cor e religião, compreendendo-se que acima dos limites impostos pelo sangue, na Terra, prevalecem os imperativos sagrados da família universal.

"Reza a lei do passado: 'Não matarás'; eu, porém, vos digo que não se deve matar em circunstância alguma e que se faz indispensável a vigilância sobre os nossos impulsos de oprimir os seres inferiores da natureza, porque, um dia, responderemos à Justiça do Criador supremo pelas vidas que consumimos.

"Pede o venerável testamento: 'Não cometerás adultério'; asseguro-vos, no entanto, que o adultério não atinge somente o corpo de nossas irmãs em humanidade, mas também a carne e a alma de todos os homens que se esqueceram de caminhar retamente.

"Aconselha o grande legislador: 'Não furtarás'; digo-vos, contudo, que não se deve roubar, não somente objetos valiosos e valores em dinheiro, mas também não nos cabe furtar o tempo do Senhor, nem distrair os minutos dos servos aplicados de suas obras.

"Consta na velha aliança: 'Não dirás falso testemunho contra o teu próximo'; declaro-vos, porém, que é imprescindível guardar boa vontade e amor no coração, irradiando-os em pensamento.

"Assinala a revelação antiga: 'Não cobiçarás a casa do teu próximo, nem desejarás a sua mulher, nem a sua serva, nem o seu boi, nem o seu jumento'; eu, porém, vos afianço que nos compete a obrigação de procurar a luz, o bem e a felicidade, trabalhando sem desânimo e servindo a todos sem descanso, inacessíveis à peçonha do ódio, da inveja, do ciúme, do despeito e da discórdia, portadores que são de veneno e treva para o Espírito".

Fez o Mestre pequeno intervalo na preleção, reparando que os visitantes da Fenícia se mantinham pálidos e confundidos.

Nesse ínterim, a sogra de Pedro reclamou-lhe a presença num quarto próximo; e Jesus, rogando ligeira licença, prometeu prosseguir nos ensinamentos novos, por mais alguns instantes; todavia, em voltando pressuroso aos ouvintes, debalde procurou os consulentes, movimentando os olhos ternos e lúcidos.

Na sala silenciosa não havia ninguém...

~ 34 ~
Filha rebelde

— Minha filha — dizia dona Matilde à Emilinha , é preciso atender ao problema espiritual, orientar o sentimento à luz do Cristo. A existência terrestre oferece surpresas inúmeras e almas desprevenidas costumam cair, desastradamente. Não podemos prescindir da vigilância.

A jovem, depois de gargalhar ironicamente, replicava:

— Ora, mamãe, não necessito de sermões encomendados. Esteja tranquila. Seus conselhos são muito antiquados e talvez desconheça a senhora as reviravoltas do mundo. Suas observações são descabidas e, além disto, sou dona de minha vontade, faço o que entendo.

— Sim, Emilinha — tornava a mãe paciente —, sei que você é senhora de si, mas o cuidado materno obriga-me a esclarecê-la, ainda que você, presentemente, não me possa aceitar as opiniões. Quem é mãe sofre muito por desvelar-se junto dos filhos...

— Por que teima em sofrer? — exclamava a interlocutora, cortando-lhe a palavra. — estamos na época de aniquilamento do passadismo.[31]

Como a nobre genitora enxugasse os olhos em pranto, observava, rebelde:

— Não precisará desfiar o rosário de lágrimas. Para quê?

Era assim a situação entre dona Matilde e a moça altaneira. A generosa senhora, dedicada servidora do Cristo, já não sabia como proceder. Viúva, com três filhas solteiras, desvelava-se, carinhosa, para que lhes não faltasse o necessário. Sacrificava-se continuadamente pelo bem-estar delas. Privava-se de satisfações próprias, sujeitava-se ao trabalho mal remunerado, desequilibrava a saúde pelo excesso de atividade nas obrigações diárias, substituindo a falta do esposo e atendendo ao próprio dever. Se Eulália e Cassilda, as duas filhas mais novas, de alguma sorte lhe compreendiam os sacrifícios; Emilinha, a mais velha, tratava-a rudemente, sem a menor consideração. Criticava-lhe os mínimos gestos. Dona Matilde raramente se dava ao prazer de palestrar com as visitas. Eram tão ásperas as intromissões da filha, tão grosseiros os seus modos, ante a presença de estranhos, que a nobre senhora se mantinha em silêncio, humilhada. Se comentava o dever, referia-se Emilinha a conceitos modernos da vida; se aventurava uma opinião inocente em qualquer assunto, tratava a filha de se mostrar superior.

Quando voltava dona Matilde das reuniões evangélicas, reportando-se às consolações e ensinamentos recolhidos, convertia-se a jovem num elemento escarnecedor.

— Ora, mamãe — dizia, sarcástica —, com que então a senhora se consagrou à Teologia? Já não fala senão em assuntos de religião...

— Ah! minha filha — replicava a genitora, cuidadosa na fé —, não sorrias da verdade para que ela, mais tarde, não

---

[31] N.E.: Devoção ao passado; saudosismo.

venha a sorrir de ti. Lembra-te de nossos imperiosos deveres para com Jesus!

Após o riso mordaz, a filha revidava:

— A senhora adquiriu maneiras de sacerdote. Não concordo com as suas teorias de sobrevivência e reencarnação.

E lembrando, enfática, as revistas científicas que costumava compulsar, por vaidade, concluía presunçosamente:

— Não passamos de experiência biológica da natureza no campo da racionalidade humana. O resto é ilusão, que devemos relegar ao fanatismo religioso.

A viúva, a princípio, discutia e argumentava, esclarecendo-a com a verdade espiritual, mas, observando o endurecimento da filha, retraiu-se, pouco a pouco, dando-lhe o exemplo da própria ação e abstendo-se de muitas palavras.

E Emilinha fez no mundo o que lhe pareceu melhor, nos domínios do capricho e da irreflexão criminosa, contraindo pesados débitos e agravando responsabilidades, surda às advertências maternas.

O tempo, a dor e a morte, todavia, são os cobradores da realidade. Ao influxo desse trio implacável, tanto dona Matilde quanto as filhas foram reconduzidas à vida nova, além do túmulo.

Emilinha, porém, agora afastada do grupo familiar, experimentava rudes provações em círculo de sombras. Era frequentemente visitada pela mãezinha generosa, mas não lhe identificava a presença, nem lhe ouvia a voz encorajadora, por trazer a mente absorvida por negras visões e vozes angustiadas.

Anos correram, quando dona Matilde deliberou voltar à esfera carnal, em continuação do seu plano de serviço redentor. A filha penitente ficaria, doravante, sem o seu amparo direto. Meditando a situação, a devotada genitora implorou recursos novos. Não desejava mostrar-se insensível e, além do mais, Emilinha, sempre desajuizada, era a filha que mais necessitava dos desvelos maternais. E, ali, na paisagem tenebrosa, ante os padecimentos da ingrata, a nobre criatura intercedeu, fervorosa, empenhando o coração.

A resposta divina não se fez esperar. Emilinha, deslumbrada, reviu a mãezinha pela primeira vez. Indescritível o contentamento de ambas. Beijaram-se com o júbilo das profundas ansiedades, longamente reprimidas.

Após confortar-lhe a alma ulcerada, dona Matilde deu-lhe a conhecer o projeto em organização. Regressaria à Terra, recomeçaria as tarefas inacabadas do processo de redenção que lhe dizia respeito. Emilinha ouviu, inquieta, e considerou:

— Mamãe, a senhora me aceitaria, de novo, ao seu lado?

— Como não, minha filha? — replicou a entidade amorosa. — Se permitir o Senhor, reconstituiremos o nosso velho lar, voltando à paisagem de outro tempo.

— Prometo compreendê-la — acrescentou a filha em pranto.

— Rogaremos essa bênção — falou a genitora, beijando-a, carinhosa.

Nesse instante, fez-se visível o generoso diretor espiritual daquela região de sofrimento retificador. Cumprimentou dona Matilde atenciosamente, enquanto Emilinha se lhe rojava aos pés, rogando, comovida:

— Emissário de Jesus, que me conheceis os padecimentos, ajudai-me para que eu possa voltar à Terra, em companhia de minha mãe. Regressará ela aos círculos da carne e, se concordardes, poderei segui-la, prontificando-me a permanecer em serviço, até que ela me possa receber, novamente, nos braços maternais... Pelo amor de Deus, permiti a minha volta!

A sábia entidade contemplou-a, fraternalmente, e falou:

— No momento, minha irmã, não lhe será possível retirar-se daqui. Ainda precisará desgastar, por alguns anos, os envoltórios inferiores que criou em torno de si mesma. Seus atuais veículos de manifestação não lhe permitem, por enquanto, a vida em zona menos pesada que esta. No entanto, mais tarde, poderá voltar, viver ao lado de Matilde, receber-lhe o verbo carinhoso e ouvir-lhe os conselhos cristãos.

Emilinha, que não cabia em si de contente, elevou as mãos ao Céu e exclamou:

— Graças a Deus!

O diretor espiritual, contudo, retomou a palavra e terminou:

— Não poderá, todavia, voltar à situação de parentesco que já passou. Não tem títulos de serviço prestado que a autorizem, agora, a regressar como filha de Matilde, mas retornará você ao mundo, como criada humilde da sua residência, para que, na verdadeira condição de obediência, aprenda a valorizar o tesouro que Deus lhe concedeu.

~ 35 ~
Nas palavras do caminho

Conta-se que Tiago, o velho apóstolo que permaneceu em Jerusalém, demandava Betânia, junto de Matias, o sucessor de Judas, no colégio dos continuadores do Cristo, quando foi lembrada, repentinamente, a figura do Iscariotes.

Contemplando um pomar vizinho, Tiago comentou, em resposta às observações do companheiro:

— Este sítio lembra o horto em que o Mestre foi traído. As árvores próximas parecem esperá-lo, às lições do crepúsculo, quando o Senhor estimava as meditações mais profundas. Recordo-me ainda do instante inesperado, não obstante os seus avisos. Judas vinha à frente de oficiais e de soldados que empunhavam lanternas, varapaus e espadas. Contavam encontrá-lo à noite, porque Jesus muitas vezes se alegrava em ministrar-nos ensinamentos, à doce claridade noturna. O Mestre, porém, vinha ao encontro dos adversários e estava sorridente e imperturbável.

Olhos mergulhados nas reminiscências, o Apóstolo relembrava:

— Adiantou-se o infame e beijou-o na face. Estabeleceu-se o tumulto e consumou-se a prisão do Messias, começando, desde então, o nosso martírio.

— Que insolência! Que homem caviloso[32] esse Judas terrível! — replicou Matias, inflamado no zelo apostólico. — Dói-me evocar o vulto hediondo do ingrato. Como não vacilou ele no crime ignominioso?

— Será Judas, para sempre, a nossa vergonha — exclamou Tiago, arrimando-se ao bordão rústico. — Muitas vezes ouço a argumentação de Pedro, que busca defendê-lo. Ouço e calo-me, porque, para mim, não existem palavras que o escusem. Esse traidor será um réu diante da humanidade. Foi ele quem entregou o Mestre aos sacerdotes criminosos e provocou a tragédia do Gólgota. Não tem advogados, nem desculpas. Foi perverso, positivamente infame.

— Como se abalançou a semelhante absurdo? —indagou o interlocutor. — Tudo lhe dera o Senhor, em bênçãos eternas!

— Foi o espírito diabólico da ambição desregrada — tornou Tiago, em voz firme —, Judas queria absorver a direção de nosso grupo, ombrear com os rabinos do Templo, cativar a simpatia dos romanos dominadores, criar uma organização financeira, submeter o próprio Senhor à sua vontade. Pedro costuma afirmar que o celerado não previa as consequências do ato de traição, nem alimentava o propósito de eliminar o Messias amado; contudo, não posso admitir a suposição. Judas, por certo, condenou o Senhor deliberadamente à morte, e talvez fosse ele o inspirador sutil dos tormentos na cruz. João e Pedro asseveram que o infeliz se arrependeu e chorou; entretanto, chego a duvidar. Um traidor como aquele não encontraria pranto nos olhos. Era demasiadamente perverso para sofrer por alguém.

---

[32] N.E.: Fingido.

— Com efeito — observou Matias —, não devia passar de criminoso vulgar. A sua memória inspira-me compaixão e vergonha...

Depois de ligeira pausa, indagou:

— Chegou a vê-lo antes da morte?

— Não — replicou Tiago, de maneira significativa —, e não sei se me comportaria fraternalmente se ainda o tivesse ante os olhos. O traidor morreu nos laços diabólicos que teceu com as próprias mãos. Devia descer aos infernos, como desceu, envolvido em trevas densas. Era um perverso gênio das potências inferiores.

— E os familiares desse homem cruel? — interrogou Matias, curioso — porventura lhe aprovaram a conduta satânica?

Tiago ia responder, mas alguma coisa lho impediu. O velho Apóstolo arregalou os olhos, interrompeu a marcha e perguntou ao companheiro:

— Quem é aquele que vem lá, vestido em luz resplandecente?

Assombrado, Matias redarguiu:

— Também vejo, também vejo!...

Banhado, agora, em lágrimas, Tiago reconheceu o Messias. Lembrou a narrativa dos discípulos, a caminho de Emaús, ajoelhou-se reverente, e falou baixinho:

— É o Senhor!

Aproximou-se Jesus com a majestosa beleza da espiritualidade sublime e parou, por instantes, ao lado dos companheiros. Contemplou-os, compassivamente, como Mestre afetuoso junto a dois aprendizes humildes. Matias chorava, sem força para erguer os olhos. Tiago, em pranto, ousou fixá-lo e rogou:

— Senhor, abençoai-nos!

Jesus estendeu a destra em sinal de amor e, como nada dissesse, o velho galileu considerou:

— Senhor, podemos voltar para Jerusalém, a fim de receber a vossa vontade e cumpri-la!

— Não, Tiago — respondeu o Cristo, doce e firmemente —, não vou agora à cidade, sigo em missão de auxílio a Judas.

E sem acrescentar coisa alguma, continuou a excursão solitária, em sublime silêncio.

Nessa noite, quando voltou a Jerusalém, o velho Tiago insulou-se da comunidade, e, tomando os pergaminhos nos quais começara a escrever sua bela epístola à cristandade, anotou, em lágrimas, suas famosas considerações sobre a língua humana.

~ 36 ~
O adversário invisível

À frente do Senhor, nos arredores de Sidom, quatro dos discípulos, após viagem longa por diferentes caminhos, a serviço da Boa-Nova, relatavam os sucessos do dia, observados pelo divino Amigo, em silêncio:
— Eu — dizia Pedro sob impressão forte —, fui surpreendido por quadro constrangedor. Impiedoso capataz batia, cruel, sobre o dorso nu de três mães escravas, cujos filhinhos choravam, estarrecidos. Um pensamento imperioso de auxílio dominou-me. Quis correr, sem detença, e, em nome da Boa-Nova, socorrer aquelas mulheres desamparadas. Certo, não entraria em luta corporal com o desalmado fiscal de serviço, mas poderia, com a súplica, ajudá-lo a raciocinar. Quantas vezes, um simples pedido que nasce do coração aplaca o furor da ira?
O Apóstolo fixou um gesto significativo e acentuou:
— No entanto, tive receio de entrar na questão, que me pareceu intrincada... Que diria o perverso disciplinador? Minha intromissão poderia criar dificuldades até mesmo para nós...

Silenciando Pedro, falou Tiago, filho de Zebedeu:

— No trilho de vinda para cá, fui interpelado por jovem mulher com uma criança ao colo. Arrastava-se quase, deixando perceber profundo abatimento... Pediu-me socorro em voz pungente e, francamente, muito me condoí da infeliz, que se declarava infortunada viúva dum vinhateiro. Sem dúvida, era dolorosa a posição em que se colocara e, num movimento instintivo de solidariedade, ia oferecer-lhe o braço amigo e fraterno, para que se apoiasse; mas, recordei, de súbito, que não longe dali estava uma colônia de trabalho ativo...

O companheiro interrompeu-se, um tanto desapontado, e prosseguiu:

— E se alguém me visse em companhia de semelhante mulher? Poderiam dizer que ensino os princípios da Boa Nova e, ao mesmo tempo, sou motivo de escândalo. A opinião do mundo é descaridosa...

Outro aprendiz adiantou-se.

Era Bartolomeu, que contou, espantadiço:

— Em minha jornada para cá, não me faltou desejo à sementeira do bem. Todavia, que querem? Apenas lobriguei conhecido ladrão. Vi-o a gemer sob duas figueiras farfalhudas, durante longos minutos, no transcurso dos quais me inclinei a prestar-lhe assistência rápida... Pareceu-me ferido no peito, em razão do sangue a porejar-lhe da túnica; mas tive receio de inesperada incursão das autoridades pelo sítio e fugi... Se me pilhassem, ao lado dele, que seria de mim?

Calando-se Bartolomeu, falou Filipe:

— Comigo, os acontecimentos foram diversos... Quase ao chegar a Sidom, fui cercado por uma assembleia de trinta pessoas, rogando conselhos sobre a senda de perfeição. Desejavam ser instruídas quanto às novas ideias do Reino de Deus e dirigiam-se a mim ansiosamente. Contemplavam-me, simples e confiantes; todavia, ponderei as minhas próprias imperfeições e senti escrúpulos... Vendo-me roído de tantos pecados e escabrosos defeitos, julguei mais prudente evitar a crítica dos outros. A ironia é um chicote inconsciente. Por isso, emudeci e aqui estou.

Continuava Jesus silencioso, mas Simão Pedro caminhou para ele e indagou:

— Mestre, que dizes? Desejamos efetivamente praticar o bem, mas como agir dentro das normas de amor que nos traças, se nos achamos, em toda parte do mundo, rodeados de inimigos?

O Amigo celeste, porém, considerou, breve:

— Pedro, todos os fracassos do dia constituem a resultante da ação de um só adversário que muitos acalentam. Esse adversário invisível é o medo. Tiveste medo da opinião dos outros, Tiago sentiu medo da reprovação alheia, Bartolomeu asilou o medo da perseguição e Filipe guardou o medo da crítica...

Aflito, o pescador de Cafarnaum interrogou:

— Senhor, como nos livraremos de semelhante inimigo?

O Mestre sorriu compassivo e respondeu:

— Quando o tempo e a dor difundirem, entre os homens, a legítima compreensão da vida e o verdadeiro amor ao próximo, ninguém mais temerá.

Em seguida, talvez porque o silêncio pesasse em excesso, afastou-se, sozinho, na direção do mar.

~ 37 ~
Natal simbólico

Harmonias cariciosas atravessavam a paisagem, quando o lúcido mensageiro continuou:

— Cada Espírito é um mundo no qual o Cristo deve nascer...

Fora loucura esperar a reforma do mundo, sem o homem reformado. Jamais conheceremos povos cristãos, sem edificarmos a alma cristã...

~

Eis por que o Natal do Senhor se reveste de profunda importância para cada um de nós em particular.

Temos conosco oceanos de bênçãos divinas, maravilhosos continentes de possibilidades, florestas de sentimentos por educar, desertos de ignorância por corrigir, inumeráveis tribos de pensamentos que nos povoam a infinita extensão do mundo interior. De quando em quando, tempestades renovadoras varrem-nos o íntimo, furacões implacáveis atingem nossos ídolos mentirosos.

~

Quantas vezes o interesse egoístico foi o nosso perverso inspirador?

Examinando a movimentação de nossas ideias próprias, verificamos que todo princípio nobre serviu de precursor ao conhecimento inicial do Cristo.

~

Verificou-se a vinda de Jesus numa época de recenseamento.

Alcançamos a transformação essencial justamente em fase de contas espirituais com a nossa própria consciência, seja pela dor ou pela madureza de raciocínio.

~

Não havia lugar para o Senhor.

Nunca possuímos espaço mental para a inspiração divina, absorvidos de ansiedades do coração ou limitados pela ignorância.

~

A única estalagem ao Hóspede sublime foi a manjedoura.

Não oferecemos ao pensamento evangélico senão algumas palhas misérrimas de nossa boa vontade, no lugar mais escuro de nossa mente.

~

Surge o Infante celestial dentro da noite.

Quase sempre, não sentimos a bondade do Senhor senão no ápice das sombras de nossas inquietações e falências.

~

A estrela prodigiosa rompe as trevas no grande silêncio.

Quando o gérmen do Cristo desponta em nossas almas, a estrela da divina esperança desafia nossas trevas interiores, obscurecendo o passado, clareando o presente e indicando o porvir.

~

Animais em bando são as primeiras visitas ao Enviado celeste.
Na soledade de nossa transformação moral, em face da alvorada nova, os sentimentos animalizados de nosso ser são os primeiros a defrontar o ideal do Mestre.

~

Chegam pastores que se envolvem na intensa luz dos anjos que velam o berço divino.
Nossos pensamentos mais simples e mais puros aproximam-se da ideia nova, contagiando-se da claridade sublime, oriunda dos gênios superiores que nos presidem aos destinos e que se acercam de nós, afugentando a incompreensão e o temor.

~

Cantam milícias celestiais.
No instante de nossa renovação em Cristo, velhos companheiros nossos, já redimidos, exultam de contentamento na esfera superior, dando glória a Deus e bendizendo os Espíritos de boa vontade.

~

Divulgam os pastores a notícia maravilhosa.
Nossos pensamentos, felicitados pelo impulso criador de Jesus, comunicam-se entre si, organizando-se para a vida nova.

~

Surge a visita inesperada dos magos.

Sentindo-nos a modificação, o mundo observa-nos de modo especial.

~

Os servos fiéis, como Simeão, expressam grande júbilo, mas revelam apreensões justas, declarando que o Menino surgira para a queda e elevação de muitos em Israel.
Acalentamos o pensamento renovador, no recesso da alma, para a destruição de nossos ídolos de barro e desenvolvimento dos germens de espiritualidade superior.

~

Ferido na vaidade e na ambição, Herodes determina a morte do pequenino Emissário.
A ignorância que nos governa, desde muitos milênios, trabalha contra a ideia redentora, movimentando todas as possibilidades ao seu alcance.

~

Conserva-se Jesus na casa simples de Nazaré.
Nunca poderemos fornecer testemunho à humanidade, antes de fazê-lo junto aos nossos, elevando o espírito do grupo a que Deus nos conduziu.

~

Trabalha o Pequeno Embaixador numa carpintaria.
Em toda realização superior, não poderemos desdenhar o esforço próprio.

~

Mais tarde, o celeste Menino surpreende os velhos doutores.

O pensamento cristão entra em choque, desde cedo, com todas as nossas antigas convenções relativas à riqueza e à pobreza, ao prazer e ao sofrimento, à obediência e à mordomia, à filosofia e à instrução, à fé e à ciência.

Trava-se, então, dentro de nosso mundo individual, a grande batalha.

~

A essa altura, o mensageiro fez longa pausa.

Flores de luz choviam de mais alto, como alegrias do Natal, banhando-nos a fronte. Os demais companheiros e eu aguardávamos, ansiosos, a continuação da mensagem sublime; entretanto, o missionário generoso sorriu paternalmente e rematou:

— Aqui termino minhas humildes lembranças do Natal simbólico. Segundo observais, o Evangelho de nosso Senhor não é livro para os museus, mas roteiro palpitante da vida.

~ 38 ~
Os estranhos credores

Poucas vezes tive ao meu lado entidade tão bela.

Tratava-se da nobre Diana que, desde muito, segundo me informaram, se consagrara ao ministério de iluminação das almas cegas e infelizes.

Demorava-se longas semanas no abismo.

Acendia luz evangélica entre gemidos e sombras.

Ao contrário de muita gente evolvida, resistia, heroica, ao peso da atmosfera baixa e espessa.

Inúmeros criminosos impenitentes rendiam-se-lhe à palavra persuasiva e maternal.

Jamais falava como quem reprova condenando, mas como quem esclarece amando, em nome de Deus.

Certo dia, visitou-nos o grupo em elevada tarefa.

Ouvi-a dissertar sobre grandes teses humanas, deslumbrando-me com a sabedoria que lhe vibrava em cada definição.

O que mais impressionava, contudo, em sua venerável figura feminina, era a luz que a rodeava inteiramente. Parecia viver num ambiente maravilhoso, exclusivamente seu, tão sublime era o halo radioso que a circundava, isolando-a das influências exteriores.

Asseverou-me um amigo que a abnegada mensageira possuía direito indiscutível para desfrutar semelhante situação, não só por trabalhar em círculos de criaturas positivamente inferiores a ela, como também porque vencera, em si mesma, as deficiências mais rudes da condição animal.

Alma divina, Diana reunia a beleza e a bondade, a ciência e a expressão.

Quando terminou a palestra encantadora que a trouxera ao nosso núcleo de serviço, aproximei-me, curioso e enlevado. Outros companheiros imitaram-me o gesto. A singular posição luminosa daquela mulher arrebatava-nos o espírito. A emissária, no entanto, muito simples, parecia desconhecer a própria elevação. Sorria fraternalmente e comentava os problemas terrestres, como se estivesse ainda envolta na roupagem carnal. Soberano entendimento de todas as coisas lhe transparecia das mínimas expressões.

Emocionado, observando-lhe a renúncia a favor das almas embrutecidas, indaguei do porquê de seu sacrifício, retendo-lhe as respostas surpreendentes.

— Sim, meu amigo — respondeu sem afetação —, num impulso espontâneo de minha própria consciência, ofereci cinquenta anos de trabalho aos nossos irmãos das zonas mais baixas da vida e não me envergonho de explicar-lhe a razão de meu gesto.

E sorridente, ante o interesse geral, prosseguiu delicada:

— Não sei se conhecem as extremas dificuldades do Espírito para alijar as vestes animalizadas do sentimento.

Sorrimos, de modo significativo, dando-lhe a entender a nossa inferioridade.

— Pois bem — continuou a embaixatriz da caridade e da sabedoria —, confesso que pertenci à classe das piores mulheres que já existiram nos círculos do planeta. O ciúme, o egoísmo e a vaidade eram o meu trio de verdugos cruéis. Voltei à carne numerosas vezes. Somente para atacar o ciúme fulminante, recebi a oportunidade de nove existências sucessivas, sem resultado eficiente. Para combater o egoísmo e a vaidade, regressei ao corpo físico muitas vezes, falhando nas mais insignificantes promessas. Sempre a recapitulação do movimento vicioso. Envenenava meu companheiro pelo ciúme, destruía o lar pelo egoísmo e perdia os filhos por meio da vaidade. Amigos desvelados seguiam-me, carinhosos, de esferas mais altas, estendendo-me braços fraternais; entretanto, fracassei, de modo invariável. Valia-me da bênção do esquecimento na reencarnação para perpetrar novos erros e espezinhar as sagradas leis. O tempo, contudo, ia passando, implacável, e os meus antigos benfeitores espirituais se foram distanciando, elevados a regiões menos densas. Despediam-se, afetuosos, estimulando-me ao desempenho dos deveres cristãos, permanecendo, assim, relegada a mim mesma, entre problemas inquietantes e complicados. Por fim, o esposo amigo, sócio abençoado de experiências e empresas inúmeras, foi convocado a esfera superior, em virtude dos méritos adquiridos, e, dos Espíritos amados que me foram pais e filhos, em várias estações evolutivas, não existia nenhum ao lado de minha pequenez.

"Quando me vi irremediavelmente sozinha, experimentei intraduzível pavor e amargoso desânimo. Abandonei-me, então, a propósitos menos dignos, demorando-me nos recantos abismais qual trapo inútil, embora consciente, vencida pelo trio nefasto. Muitos anos partilhei o desencanto da soledade quase absoluta.

"Dia houve, no entanto, em que fui visitada por nobre missionária do bem, que me contou, carinhosamente, o romance que lhe dizia respeito.

"Estivera em minha posição degradante, mas superara os obstáculos, utilizando o concurso de entidades infelizes. Depois de aventuras extravagantes, no curso das quais fora invariavelmente derrotada, voltou à Terra na qualidade de mãe de filhos monstruosos, e tão rijos lhe foram os testemunhos de abnegação que chegou ao admirável triunfo sobre a tríade tenebrosa, dominando o ciúme, o egoísmo e a vaidade no decurso de setenta anos de sacrifício incessante.

"Aconselhou-me, assim, a visitar as furnas do sofrimento purgatorial e a rogar a colaboração dos dirigentes daqueles que estacionam nas províncias da angústia, candidatando-me à maternidade dolorosa na Terra.

"Aceitei o alvitre, jubilosa.

"Que representavam setenta anos de esforço e paciência para conseguir uma realização que me escapara durante milênios?

"A prestimosa amiga conduziu-me às retaguardas das trevas e, horrorizada, percebi a existência de infortunados irmãos nossos, em estágios longos de loucura, cegueira e deformação. Agitavam-se em torvelinho de padecimentos indescritíveis. Acovardei-me ante o quadro triste, mas a piedosa mensageira que me custodiava reanimou-me e, afinal, solicitei a concessão.

"Quando meu fervor se exteriorizou em lágrimas de esperança, fez-se visível um dos vigilantes da atormentada região, acolhendo-me a súplica. Aceitar-me-ia o compromisso e designou-me quatro crianças monstruosas que me caberia adotar.

"Reunir-se-iam à minha alma, dentro de algum tempo, nos círculos carnais.

"Foi assim que, entre o pavor e a ansiedade, regressei ao renascimento terrestre.

"Vi-me, desde cedo, em condições dolorosas e precárias.

"Nos rudimentos da infância, observei que meu corpo estava em formal desacordo com os meus sentimentos íntimos.

"A princípio, vigorosa rebeldia dominou-me o coração, mas fui lavando as manchas da revolta com lágrimas benfazejas e, porque a orfandade me colhera nos primeiros anos, fui compelida a desposar um homem terrivelmente disforme, que me impôs quatro filhos desventurados. Logo após o nascimento do último deles, meu infeliz esposo, companheiro de quedas noutra época, veio a desencarnar, legando-me pobreza e viuvez irremediáveis. Tentei a conquista do trabalho digno; entretanto, o infortúnio dos filhos não me permitiu. Um era cego, outro leproso e dois aleijados.

"Muita vez, a vaidade me inclinou à prostituição, mas o instinto de mãe não me separava dos filhinhos e toda gente me evitava a presença com manifesta repugnância. O egoísmo procurou vendar-me os olhos, sugerindo os enjeitasse; contudo, a maternidade sofredora me ajudava a vencer no combate do coração. O ciúme alvitrava o desespero e o crime, mormente quando surgiam as mães tranquilas e afortunadas, ao meu olhar; todavia, o beijo de minhas pobres crianças atormentadas convidava-me à gratidão pela caridade pública, à humildade e ao entendimento. Nunca tive pouso certo, como nunca dispus de parentes que me solucionassem as necessidades. Vagueei mendigando nos caminhos, errando sem direção, invariavelmente acompanhada pelos quatro meninos desditosos, que se transformaram em sentenciados adultos, cheios de necessidades.

"Ambos os aleijados partiram mais cedo para o sepulcro, o leproso desencarnou algum tempo depois e o cego andou comigo, por mais de quarenta anos. Suportei sede, fome, privações e conheci de perto a enfermidade e a aflição, com os filhos amargurados, agonizantes ou insepultos...

"Ao completar, porém, os setenta anos, achava-me liberta do trio maldito. A morte surpreendeu-me totalmente renovada e, com as bênçãos divinas, pude entoar o meu cântico de vitória".

Silenciou a nobre Diana, sob a nossa viva emoção.

A sublime narrativa revelava nova interpretação da luta terrestre.

Ante a quietude que nos assaltara, concluiu a mensageira do bem, com vibrante expressão:

— Segundo verificam, sou devedora insolvável para com os nossos irmãos do purgatório escuro. Em companhia deles, na reencarnação terrestre, aprendi lições que muitos séculos de aprendizado pacífico não me puderam ensinar, à vista de minha rebeldia e viciação. E tão grande é a minha alegria e tão bela a minha noção de vitória individual que, se rastejasse nas trevas, por alguns milênios, a fim de servi-los, não lhes pagaria, em hipótese alguma, quanto lhes fiquei a dever para a eternidade.

~ 39 ~
Provas de paciência

Quando se dispôs Leonarda à nova reencarnação, Lucinda, a nobre amiga espiritual que permaneceria na esfera superior, recomendou:

— Leonarda, minha irmã, grandes tesouros tem conseguido você, nos caminhos da vida, e suas aquisições de virtude prosseguem no ritmo desejado. No entanto, sua provisão de paciência é muito escassa. Seu atraso, nesse terreno, é particularmente lamentável, provocando enorme desarmonia no admirável conjunto de suas qualidades pessoais. Faça o possível por elevar o padrão de sua resistência pela intensificação do autodomínio. As realizações do Espírito não são gratuitas. Constituem patrimônio eterno, adquirido a preço alto, em esforço e experiência. Tenha coragem nessa edificação. Quando na Terra, olvidamos frequentemente a real significação do desassombro. Aplaudimos a impulsividade animal, esquecendo a sabedoria da prudência. Agora, porém, minha amiga, felicitadas pelas bênçãos de Jesus, busquemos o entendimento necessário, aprendendo a vencer sem armas visíveis, nos combates silenciosos do coração, no recinto do lar, onde o sacrifício é sempre mais vivo e mais proveitoso. Em voltando presentemente à carne, não olvide que a renúncia é a mestra da paciência.

Leonarda ouvia com interesse, revelando no olhar a preocupação indisfarçável do aprendiz que regressa à escola terrena.

Transcorrida ligeira pausa, a amiga continuou:

— Sabemos que existe alimentação e assimilação, estudo e aproveitamento, dor e renovação. Esgota-se o corpo físico, quando se alimenta e não assimila. Entrega-se o estudante a muitos disparates, quando lê e não medita. Precipita-se a alma em regiões infernais, quando sofre e não recolhe os valores da lição. Lembre-se de semelhantes verdades na Terra. Para nós, que muitas vezes fomos injustas para com o próximo, o melhor método de adquirir a paciência é o de sermos justas para com os outros, sem exigir que outros o sejam para conosco. Essa indicação, aliás, vem de Jesus, desde o processo que o conduziu à crucificação. O Mestre foi sumamente bom para com todos; entretanto, não reclamou qualquer manifestação de justiça para consigo mesmo nos grandes momentos. E Ele era puro, Leonarda! Não desejo, de modo algum, induzi-la a desconsiderar a retidão. Examino apenas o aproveitamento da oportunidade. Tolo é o doente que despreza o remédio. E já que somos antigas enfermas, não fujamos à medicação adequada. Tenha cuidado e dê a cada um o que indiscutivelmente lhe pertença. Contudo, se houver atraso na recepção do que lhe couber, não descreia do Equilíbrio divino, valendo-se do ensejo para enriquecer a sua capacidade de resignação para o bem. Isso representa negócio espiritual de grande importância para o futuro. Quanto ao mais, saiba você que estaremos ao seu lado, assistindo-a com amor. De seu concurso, depende a realização.

Leonarda prometeu observância aos conselhos ouvidos, assumiu compromissos graves e tornou à Terra.

No entanto, apesar dos ajustes havidos, desde criança revelou extrema inquietude e frequente indisciplina.

No fundo, era bondosa e sensível, mas navegava facilmente da calmaria à tormenta.

Chegada à juventude, o plano espiritual convocou-a, pouco a pouco, às provas de paciência de que necessitava.

Leonarda casou-se, mas no aparecimento do primeiro filhinho começaram os serviços mais duros. Cristóvão, o marido, na condição de espiritualista, proporcionava-lhe o melhor quinhão de assistência; no entanto, a companheira parecia surda a todas as advertências alusivas à conformação e à tolerância. Não obstante a sua nobre dignidade de esposa e mãe, descontrolava-se ao primeiro sinal de luta mais forte. Cessada a borrasca doméstica, lavava-se em pranto de arrependimento, reconsiderando atitudes; mas, quantas vezes fosse visitada pela contrariedade ou pela tentação, quantas caía Leonarda em desespero e revolta, em razão da invigilância.

Convertia as moléstias mais simples em fantasmas horríveis e transformava os mínimos dissabores em tragédias comoventes. Dentro de semelhante clima sentimental, os filhos andavam enfermiços, o esposo, inquieto, e a residência, menos cuidada.

Leonarda, conquanto bondosa, não sabia trabalhar nem descansar. No serviço, mantinha-se impaciente; no repouso, vivia atormentada. Agia muito longe da tranquilidade operosa que produz a segurança íntima. O companheiro, por sua vez, não conseguia torná-la em confidente de suas naturais aventuras e questões. Leonarda não sabia como analisar serenamente os problemas. Contrariava sistematicamente tudo o que lhe não proporcionasse bem-estar.

Nas reuniões evangélicas, ouvia importantes preleções sobre a humildade e a coragem, costumando observar:

— As pessoas infelizes quanto eu não podem ser conformadas.

E, como se a virtude fosse algo insustentável, repetia sempre:

— Muito consoladores são os elementos da fé, mas perco a paciência todos os dias. Se a dor, no entanto, vale alguma coisa para a melhoria da alma, estou sinceramente confortada, porque os meus sofrimentos têm sido infindáveis.

Nessa diretriz prejudicial, atravessou o estágio terrestre.

Sem dúvida, efetuou louváveis aquisições nos sacrifícios do lar; todavia, quanto à resignação, nunca obteve o mais leve traço. Chorou, reclamou, protestou e reagiu, sempre que assediada pelos dissabores comuns. A pior característica em seu caso, porém, é que Leonarda jamais se inquietou com o bem dos outros, mas sim com a satisfação de si mesma, incapaz de suportar o menor espinho.

Ao terminar a tarefa terrena, Lucinda esperava-a com a mesma serenidade dos outros tempos.

Abraçaram-se comovidas, logo que a memória de Leonarda recuperou as recordações, permutando os júbilos da amizade sincera.

Depois das primeiras impressões afetuosas, falou a amiga espiritual:

— É lamentável tenha você demorado tanto tempo na oficina, sem melhorar a obra.

— Como assim? — indagou a interlocutora, assombrada.

— Refiro-me à paciência — comentou Lucinda, carinhosa —; cada vez que a Bondade infinita aproximava o seu coração do precioso manancial das oportunidades, você recuava apressada, recusando-me o auxílio. Tentei quinhoar-lhe a senda com inestimáveis recursos educativos, mas, infelizmente...

Espantou-se Leonarda, ao ouvir as inesperadas considerações, e, com inexcedível desencanto, acentuou, triste:

— Que diz? Fui excessivamente provada!...

— Mas não foi aprovada — explicou a amiga, serena.

— Vivi com a pobreza e a dificuldade...

— Entretanto, não as aproveitou convenientemente.

— Experimentei muitas dores...
— Todavia, não guardou os ensinamentos.
— Sofri muito!
— Mas não aprendeu...

E, porque a interlocutora emudecesse desapontada, Lucinda concluiu:

— Você falhou nas provas de paciência que o aprendizado humano lhe ofereceu, mas não desespere de novo... Haverá recurso para recomeçar.

~ 40 ~
Olá, meu irmão!

— A disposição amiga — acentuava Cipriano Neto — é verdadeiro tônico espiritual. Não raro, envenenamos o coração, à força de insistir na máscara sombria. Má catadura é moléstia perigosa, porquanto as enfermidades não se circunscrevem ao corpo físico. Quantos negócios de muletas, quantas atividades nobres interrompidas, em virtude do mau humor dos responsáveis? Claro que ninguém se deixe absorver pelos malandros de esquina, mas o respeito e a afabilidade para com as criaturas honestas, seja onde for, constituem alguma coisa de sagrado, que não esqueceremos sem ferir a nós mesmos.

À frente da pequena assembleia, toda ouvidos, Cipriano, com a graça de sua privilegiada inteligência, continuou, após leve pausa:

— Na Terra, o preconceito fala muito alto, abafando vozes sublimes da realidade superior. Nesse capítulo, tenho a minha experiência pessoal bastante significativa.

Meu amigo calou-se, por alguns momentos, vagueou o olhar muito lúcido, através do horizonte longínquo, como a vasculhar o passado, e prosseguiu:

— É quase inacreditável, mas o meu fracasso em Espiritismo não teve outra causa. Não ignoram vocês que meu coração de pai, dilacerado pela morte do filho querido, fora convocado à Doutrina dos Espíritos, ansioso de esclarecimento e consolação. Banhado de conforto sublime, senti que minhas lágrimas de desesperação se transformaram em orvalho de agradecimento à bondade de Deus. Meu filho não morrera. Mais vivo que nunca, endereçava-me carinhosas palavras de amor. Identificara-se de mil modos. Não havia lugar à dúvida. Inclinei-me, então, à Doutrina renovadora. Saciado pela água viva de santas consolações, não sabia como agradecer à fonte. Foi aí que recordei as minhas possibilidades intelectuais. Não seria justo servir ao Espiritismo, por meio da palavra ou da pena? Poderia escrever para os jornais ou falar em público. Profundamente reconhecido à nova fé, atendi à primeira sugestão de um amigo e dispus-me a fazer uma conferência. Anunciou-se o feito e, no dia aprazado, compacta assistência esperou-me a confissão. Seduzido pela beleza do Espiritismo evangélico, discorri longamente sobre a caridade. Aplausos, abraços, sorrisos e felicitações. No círculo dos meus companheiros de literatura, porém, o assunto fizera-se obrigatório. Voltando à avenida, no dia imediato ao acontecimento, meu esforço foi árduo para convencer os confrades de Letras de que não me achava louco. Infelizmente, porém, minha decisão não se filiava senão à vaidade. Pronunciara a conferência como se o Espiritismo necessitasse de mim. Admitia, no fundo, que minha presença honrara, sobremaneira, o auditório, e que a Codificação Kardequiana em mim encontrara prestigioso protetor. Desse modo, alardeava suma importância em minhas palestras novas. Citava a Antiguidade clássica, recorria aos grandes filósofos, mencionava cientistas modernos.

Quando nos encontrávamos, meus colegas e eu, no ápice das discussões preciosas, eis que surge o Elpídio, velho conhecido meu e antigo tintureiro em Jacarepaguá. Sapatos rotos, calças remendadas, cabelos despenteados, rosto suarento, abeirou-se de mim e estendeu-me a destra, exclamando alegre:

"Olá, meu irmão! meus parabéns!... Fiquei muito satisfeito com a sua conferência!

"Entreolharam-se os meus amigos, admirados.

"E confesso que respondi à saudação efusiva, secamente, meneando levemente a cabeça e sentindo-me deveras humilhado.

"Em vista do meu silêncio, o tintureiro despediu-se, mostrando enorme desapontamento.

" — É de sua família? — indagou um companheiro mais irônico.

" — Estes senhores espiritistas são os campeões da ingenuidade! — exclamou outro circunstante.

"Enraiveci-me. Não era desaforo semelhante homem do povo chamar-me 'irmão', ali, em plena avenida, diante dos colegas de tertúlias acadêmicas? Estaria, então, obrigado a relacionar-me com toda espécie de vagabundos? Não seria aquilo irmanar-me a rebotalhos de gente, na via pública?

"O incidente criou em mim vasto complexo de inferioridade.

"Cegavam-me, ainda, velhos preconceitos sociais e a ironia dos companheiros calou-me fundo, no espírito. A ausência de afabilidade e a incompreensão grosseira dominaram-me por completo. O fermento da negação trabalhou-me o íntimo, levedando a massa de minhas disposições mentais. Resultado? Voltei à aspereza antiga e, se cuidava de Doutrina, confinava-me a reduzido círculo doméstico. Não estimava a companhia ou a intimidade daqueles que considerava inferiores. Os anos, todavia, correm metodicamente, alheios à nossa vaidade e ignorância, e impuseram-me a restituição do organismo cansado ao seio acolhedor da terra. Sabem vocês, por experiência própria, o que nos acontece a essa altura da existência humana. Gritos estentóricos de familiares, pavor de afeiçoados, ataúde a recender aromas de flores das convenções sociais. Em meio da perturbação geral, senti que sono brando se apoderava de mim. Nunca pude saber quantos dias gastei no repouso compulsório. Despertando, porém, debalde clamei por meu filho bem-amado. Sabia perfeitamente que abandonara a esfera carnal e ansiava por reencontrar-lhe o carinho. Deixei a residência antiga, ferido de amargosas preocupações. Atravessei ruas e praças, de alma opressa. Atingi a avenida, onde me dava ao luxo de palestrar sobre Ciência e Literatura. E ali mesmo, junto ao aristocrático Café, divisei alguém que não me era estranho às relações individuais. Não tive dificuldades no reconhecimento. Era o Elpídio, integralmente transformado, evidenciando nobre posição espiritual, trocando ideias com outras entidades da vida superior. Não mais os sapatos velhos, nem o rosto suarento, mas singular aprumo, aliado a expressão simpática e bela, cheia de bondade e compreensão.

"Aproximei-me, envergonhado. Quis dizer qualquer coisa que me revelasse a angústia, mas, obedecendo a impulso que eu jamais soube explicar, apenas pude repetir as antigas palavras dele: 'Olá, meu irmão! Meus parabéns!'

"Longe, todavia, de imitar-me o gesto grosseiro e tolo de outro tempo, o generoso tintureiro de Jacarepaguá abriu-me os braços, contente, e exclamou com sincera alegria:

"Ó meu amigo, que satisfação! Venha daí, vou conduzi-lo ao seu filho!

"Aquela bondade espontânea, aquele fraternal esquecimento de minha falta eram por demais eloquentes e não pude evitar as lágrimas copiosas!..."

Nossa pequena assembleia de desencarnados achava-se igualmente comovida. Cipriano calou-se, enxugou os olhos úmidos e terminou:

— A experiência parece demasiadamente humilde; entretanto, para mim, representou lição das mais expressivas. Por meio dela, fiquei sabendo que a afabilidade é mais que um dever social, é alguma coisa de Deus que não subtrairemos ao próximo, sem prejudicar a nós mesmos.

~ 41 ~
A tarefa recusada

Atanásio, o devotado orientador espiritual de grande grupo doutrinário, admitido à presença de nobre mentor dos planos elevados, explicou-se, comovido:

— Nobre amigo, venho até aqui solicitar-vos providência inadiável.

— Diga, irmão — respondeu carinhoso o interpelado —, a Bondade divina nunca nos faltará com recursos necessários aos serviços justos.

— É que o nosso grupo na esfera do globo — esclareceu o mensageiro, evidenciando sublimes esperanças — precisa estabelecer tarefa curativa, com a cooperação dos companheiros encarnados. Nossos trabalhos são visitados diariamente por enormes fileiras de criaturas necessitadas de amor e consolação. Como não ignorais, generoso amigo, há na Terra corações esterilizados pelo sofrimento, Espíritos endurecidos pelas desilusões, almas cristalizadas na amargura... Permiti-me integrar alguns dos irmãos na posse dos bens de curar. Semelhante concessão seria motivo de enorme contentamento entre os operários espirituais da casa de serviço confiada ao meu coração.

A entidade superior refletiu alguns instantes e considerou:

— A tarefa, tal qual você a solicita, não pode dispensar a contribuição de cooperadores humanos. E dispõe você de auxiliares dispostos às dificuldades e tropeços do princípio e sinceramente interessados em servir ao Senhor, na atividade de assistência aos que padecem?

Atanásio deixou perceber enorme confiança a lhe vibrar nos olhos muito lúcidos e sentenciou:

— Oh!!!, temos numerosos cooperadores, dos quais devo esperar a melhor compreensão. É incrível não se rejubilem todos com dádiva tão honrosa! Entenderão o sagrado objetivo, colocando sobre todas as atividades os divinos interesses do Senhor.

— Pois bem, aceitando-lhe as afirmativas, não tenho qualquer objeção aos seus bons desejos.

E, num gesto significativo, o nobre mentor determinou que se lhe apresentassem dois companheiros de trabalho.

Dirigindo-se a ambos, observou generosamente:

— Abel e Jonas, ficam vocês incumbidos de se encaminharem à Terra, junto a Atanásio, na qualidade de portadores dos recursos necessários ao estabelecimento de tarefa curativa no grupo doutrinário que lhe recebe a orientação. Como responsável pela providência, indicará ele quais os irmãos a quem se deverão entregar as dádivas do nosso plano.

Após ligeira confabulação afetuosa, voltou o orientador, esperançoso e otimista, em companhia de ambos os embaixadores das novas bênçãos.

Chegados ao grupo terrestre, desdobravam-se os serviços de uma das sessões semanais. Ao término dos trabalhos, o velho Augusto Pena, que dirigia a assembleia, comentou sob a inspiração direta do condutor espiritual da casa:

— Meus amigos, findas as preleções evangélicas, cumpre-me recordar a necessidade premente de instituirmos serviços de assistência fraternal em nossa tenda de atividades espirituais. Em vista de trazer o Senhor tantos famintos, enfermos e aflitos às nossas portas, creio chegado o instante de multiplicarmos energias para atender ao trabalho justo de socorro imediato àqueles que o Mestre nos envia. Entretanto, neste particular, não temos organizações mediúnicas definidas. Esta realidade, porém, não nos exime da obrigação de entender as sagradas palavras "batei e abrir-se-vos-á". Necessitamos, por nossa vez, bater à porta da realização, não com impertinência, mas com o sincero desejo de atender aos propósitos divinos. Não devemos tentar a colheita de fruto que não amadureceu; mas devemos adubar a árvore, proteger-lhe as flores e oferecer-lhe condições adequadas à frutificação. Estou certo de que as faculdades curadoras não chegarão milagrosamente; contudo, precisamos começar nosso esforço, oferecendo sentimentos e possibilidades ao Senhor Jesus. Se é verdade que ainda não dispomos de elementos para subtrair a inquietação ao aflito ou a doença ao enfermo, é possível, pelo menos, amá-los e ajudá-los. Uma faculdade superior é a síntese de grande conjunto de experiências e note-se que me refiro à faculdade superior, porquanto, no terreno comum, as faculdades naturais pertencem a todos. Ora, um médico de valor não se forma em alguns dias e é indispensável recordar que o Senhor nos concedeu na Terra não só uma esfera de purificação, mas também vasta universidade de trabalho, onde toda criatura pode preparar-se para o Mais Alto, desde que não desdenhe a luz da boa vontade.

Depois de longa pausa, na qual observava o efeito de suas palavras, o orientador concluiu:

— Desejaria, pois, conhecer quais os companheiros que estarão dispostos a iniciar semelhante serviço. O trabalho constará de aproximação afetuosa, aqui no grupo, de todos os doentes ou necessitados, no sentido de se lhes proporcionar o conforto possível. Distribuiremos passes magnéticos, remédios, água fluidificada e, sobretudo, conversações sadias. Creio que a palestra sã, inspirada em Jesus, pode ser muito mais eficaz nos enfermos do que a própria medicação. Esses trabalhos, porém, deverão ser ininterruptos. Precisamos de companheiros que perseverem no bem, sem ideia de vantagens, consolações próprias ou recompensas individuais. Convencido estou de que a celestial Bondade virá ao encontro dos que insistirem fielmente nas obras do amor, coroando-lhes o espírito de serviço com os mais sublimes patrimônios para a eternidade.

Silêncio inesperado seguiu-se ao apelo do orador.

Necessitando sondar o ânimo da assembleia, o velhinho começou a interrogar individualmente:

— A senhora, dona Joaquina, que me diz?

A interpelada exibiu sorriso vago e respondeu:

— Ora, Sr. Pena, quem sou eu? Não presto para coisa alguma.

O doutrinador fez um gesto de resignação e continuou:

— Qual a sua opinião, Sr. Tavares?

Mas o Sr. Tavares, fazendo desagradável carantonha, explicou-se, sem preâmbulos:

— Sou um miserável, meu amigo, sou indigno e nem mereço a atenção da pergunta.

— Como interpreta o plano de serviço, senhor Ferreira? — inquiriu Pena a outro amigo.

— Sou um desgraçado pecador — replicou o interpelado —, não tenho qualidade para pensar nisto.

O velhinho prosseguiu, sem desânimo:

— E a senhora, dona Bonifácia?

— Eu? Eu? — exclamou aflita uma velhota que se mantinha em funda concentração — Não posso, não posso... Sou uma ré de outras existências, minhas misérias são interminem áveis...

— Sr. Antonino — continuou o velho, paciente —, que me fala do projeto exposto?

— Sou muito imperfeito, sou um criminoso! — respondeu Antonino, amedrontado. — Sou indigno de assistir alguém em nome de Jesus.

E, no mesmo diapasão, não houve ali quem aceitasse a incumbência espiritual. Alguns estavam ocupados com o trabalho, outros com a família. A maioria declarava-se miserável. Ninguém possuía dez minutos por dia, nem um centímetro de bondade para o serviço proposto. Todos se afirmavam absorvidos por preocupações ou totalmente indignos.

O doutrinador decepcionado encerrou o assunto, prometendo voltar ao caso em breves dias.

Na esfera invisível, todavia, o quadro era mais comovente. Enquanto Abel e Jonas sorriam, Atanásio fazia o possível por dissimular as lágrimas.

— Como vemos — disse Abel ao orientador, com grande bondade —, parece que a Casa ainda não se encontra disposta a receber a tarefa. Todos os componentes se declaram ocupados, miseráveis, imperfeitos ou criminosos.

— Sim, sim — tentou Atanásio, triste —, meus companheiros, por vezes, são demasiadamente humildes.

Nesse instante, porém, fez-se visível, entre os três, a nobre figura do benfeitor espiritual que determinara a concessão, exclamando:

— Não sofra, meu caro Atanásio, mas também não fuja à verdade dos fatos. Seus tutelados são fracos, porém não humildes. Onde está a humildade, há disposição para servir fielmente a Jesus. O verdadeiro humilde, embora conheça a insuficiência própria, declara-se escravo da vontade do Senhor, para atender-lhe aos sublimes desígnios, seja onde for. Aqui, como acontece na maioria das instituições terrestres, todos querem colher, mas não desejam semear. Gozam direitos e regalias; no entanto, fogem a deveres e eximem-se a qualquer compromisso mais sério. E por exibirem títulos falsos, antes de conhecerem as responsabilidades e os esforços que lhes são consequentes, terminam sempre as lutas pessoais entre sombra e confusão!...

Vendo que Atanásio chorava, mais comovedoramente, o elevado mentor concluiu:

— Não se inquiete, contudo, desse modo, meu caro amigo. Por termos sido frágeis, ignorantes ou piores no passado, o Mestre divino nunca nos abandonou. As afirmativas de seus tutelados não são filhas da humildade, nem demonstram firmeza de conhecimento de si mesmos; mas, enquanto a tarefa permanece adiada por eles, continuemos trabalhando.

~ 42 ~
O homem que matava o tempo

Aquelas respostas de Anselmo Figueiredo eram invariáveis.

Convocado à fé religiosa, o rapaz se desviava de qualquer consideração mais grave relativamente à vida. Filho de pais devotados ao Espiritismo cristão, apesar da assistência carinhosa do genitor e dos comoventes apelos maternais, Anselmo afirmava sempre não haver atingido ocasião adequada. No seu parecer, o pensamento religioso quadrava tão somente a pessoas avançadas em idade. Entendia que era preciso desperdiçar a mocidade, gastar energias, estontear-se no prazer e, depois, quando chegasse a perspectiva da morte do corpo, resolveria os problemas da fé. Considerava indispensável aproveitar a saúde, para atender a caprichos inferiores. Não permanecia na Terra? Que fazia a maior parte dos homens? Atendiam a desejos, por meio de comidas e bebidas, com os jogos e prazeres do tempo.

Falava-lhe o pai amoroso, de quando em quando:

— Anselmo, já não és mais uma criança frágil. Creio que deves refletir maduramente quanto ao nosso destino eterno.

— Ora, meu pai — replicava contrafeito —, lá vem o senhor com as histórias de religião. Tenha paciência, não lhe pedi conselhos. Quando tiver sua idade, talvez pense nisto. Este mundo é bastante miserável para que se não aproveitem os dias tão curtos da mocidade.

E, depois de gesto irritante, rematava:

— É necessário matar o tempo.

De outras vezes, comparecia a generosa mãezinha no concerto:

— Meu filho, meu filho, repara que estamos na Terra, de passagem somente. Vamos aprender as lições da fé. Jesus espera-nos sempre com o perdão aos nossos erros. Anselmo, meu querido, por que não frequentas conosco a escola de iluminação espiritual? Seria isto prazer tão grande para tua velha mãe!... Encontraríamos juntos a fonte das águas eternas...

O moço esboçava um sorriso irônico, explicando-se:

— Mamãe, não sou eu criminoso nem desviado. Creio sinceramente na existência de Deus; mas que quer a senhora? Estou jovem, preciso viver a única ocasião de alegrias da Terra. A senhora e papai estimam os estudos evangélicos, enquanto eu dou preferência aos cassinos. Que fazer? Não temos culpa, no que concerne às diferenças de predileções. Além disso, como não pode deixar de reconhecer, o período aproveitável da existência é muito enfadonho. É necessário matar o tempo, mamãe!

A pobre matrona suspirava triste, e a luta continuava.

Bancário, com remuneração excelente, Anselmo dissipava os vencimentos entre o jogo e os prazeres alcoólicos, comprometendo-se, por vezes, em vultosos empréstimos que o genitor era compelido a resgatar com sacrifícios. Se faltava dinheiro para as extravagâncias, flagelava o coração materno com observações ingratas. E, se os amigos da casa, em visita à família, recordavam ao imprevidente a solução dos problemas da fé, respondia irredutível:

— Que desejam vocês? Observo-lhes o esforço, mas não estimo as tendências religiosas. Admito que semelhantes impulsos chegam com a idade avançada, ou com a moléstia imprevista. Em sã consciência, coisa alguma exige de mim a manifestação religiosa propriamente dita. Não sou velho nem sou enfermo. Consequentemente, minha conduta é outra. O homem normal e tranquilo sabe matar o tempo. É o que faço sem perturbar a cabeça.

Após fitar a reduzida assembleia de amigos, como se enfrentasse multidões do mundo, de olhar dominador, Anselmo dirigiu-se ironicamente para uma velhinha simpática, exclamando:

— Que me diz a senhora, dona Romualda? Acaso, não se aproximou do Espiritismo em virtude de suas velhas cólicas? Teria pensado em religião antes disso?

A anciã humilde replicava, bondosa:

— Ah! sim, Anselmo, talvez tenhas razão.

— E o senhor, "seu" Manuel — dirigia-se o moço, atrevidamente, a um negociante idoso —, teria buscado o Espiritismo se não lhe aparecessem as varizes e o reumatismo?

O interpelado, entretanto, que não tinha a paciência de dona Romualda, respondia firme:

— Mas, meu amigo, é o caso de abençoar as enfermidades. Se é que está esperando por elas a fim de renovar atitudes mentais, formulo votos para que a Providência divina o atenda breve.

O rapaz esboçava gesto de aborrecimento e dava-se pressa em sair para a rua, murmurando entre os dentes:

— Estou muito distante de tais perturbações e, até que venha ocasião apropriada, matemos o tempo.

De nada valiam observações dos genitores, conselhos amigos, convites fraternais. A qualquer aborrecimento comum, desdobrava-se Anselmo em palavras blasfematórias. Se advertido, mostrava enorme fecundidade por evitar raciocínios nobres, declarando-se em época inoportuna a qualquer cogitação de natureza espiritual. O bilhar, o pano verde, as aventuras do desejo menos digno lhe empolgavam a mente. Convidado inúmeras vezes pela Bondade divina a traçar diretrizes superiores, com vistas ao destino sagrado, Anselmo Figueiredo fugira a todas as oportunidades de iluminação íntima. Preferira as sombras espessas da ignorância a qualquer pequenino serviço de autoeducação. Sua ficha individual na Terra estava cheia de anotações inferiores: ociosidade, libertinagem, negação de atividades úteis. A qualquer interpelação carinhosa, vinha à baila o velho estribilho: não havia atingido o tempo próprio, sentia-se distante da realização espiritual, aceitava as verdades eternas; entretanto, declarava-se sem a madureza necessária ao trabalho da própria edificação. E assim, o filho do casal Figueiredo atingiu os quarenta e oito anos, sempre se sentindo demasiadamente jovem para aproximar-se do conhecimento divino. Vivera à moda de borboleta distraída, sumamente interessado em matar o tempo.

Contudo, a morte não podia esperar por Anselmo, como os amigos do mundo, e chegou o dia em que o imprevidente não conseguiu abrir as pálpebras do corpo, ingressando em trevas densas, que lhe pareciam infinitas. Percebeu sem dificuldade que não mais participava do quadro terrestre. Sentia-se de posse dos olhos, mas figuravam-se-lhe agora duas lâmpadas mortas. Chorou, pediu, praguejou. Não mais entes amorosos a convidá-lo para o banquete do amor. Não mais a ternura maternal. Todavia, quando o silêncio absoluto não lhe balsamizava as dilacerações da mente em febre, ouvia gargalhadas irônicas, indagações maliciosas e ditos perversos. Nada valiam lágrimas e rogativas. Semelhava-se a um cego perdido em região ignorada, sem família, sem ninguém. Nunca pôde retomar o caminho de casa, ansioso por ouvir agora a palavra dos pais, a observação dos amigos carinhosos. Anos passaram sobre anos, sem que o arrependido pudesse contar o tempo de amarguras.

Houve, porém, um dia em que, após angustiosa prece, entre lágrimas, se fez claridade súbita em sua longa noite. O penitente ajoelhou-se, deslumbrado. Alguém lhe visitava a caverna escura. De repente, na doce luz que se formara em torno, apareceu-lhe a amada genitora a fitá-lo com extrema doçura.

— Mãe! Minha mãe! — bradou o infeliz — socorre-me por piedade!...

Anselmo, em pranto, tentou alcançar a figura luminosa que o contemplava entristecida, mas debalde. A senhora Figueiredo, não obstante se fazer visível, parecia distante. O desventurado procurou correr para atingi-la, ansioso por se retirar das trevas para sempre. A mãezinha devotada, contudo, alçou a destra compassiva e falou emocionada:

— É inútil, por enquanto, meu filho! Estamos separados pelo abismo que cavaste com as próprias mãos. Há mais de dez anos aguardava ansiosamente este encontro, mas em que estado lastimável te vejo, filho meu!...

— Querida mãe! — clamou o mendigo de luz —, por que me esqueceu o Senhor do Universo? Abandonado de todos, sou um fantasma de dor, sem o auxílio de ninguém. Por que tamanho padecimento? Por quê?

Enquanto o desditoso arquejava em soluços convulsivos, a genitora esclareceu, triste:

— Deus nunca te esqueceu, foste tu que lhe esqueceste as bênçãos no caminho do mundo. Cuidaste apenas de matar o tempo e o teu tempo agora permanece morto. Trabalha para ressuscitá-lo, meu filho, procurando obter nova oportunidade de serviço perante a bondade do Senhor. As lutas do coração desfazem as trevas que rodeiam a alma. Não esqueças a longa estrada que ainda tens de percorrer...

E, antes que Anselmo pudesse formular novas interpelações, a luz espiritual apagou-se devagarinho, voltando a paisagem de sombras, a fim de que o imprudente do passado conseguisse acender a luz da própria alma, com vistas ao porvir.

~ 43 ~
A resposta de Eneias

Enquanto se esperava o médium Palhares, o velho Azevedo Cruz, doutrinador das sessões, cofiava[33] o bigode longo, comentando mordaz:

— Não reparam a ausência do Guilhermino? Desde muito tempo, não comparece.

— Que terá acontecido? — indagou dona Amália, piscando os olhos.

— Não sabem? — tornou o orientador do grupo. — O nosso amigo caiu fragorosamente. Não sai do pano verde, nem se afasta do mau caminho.

— Que diz? — interrogou dona Margarida, fisgando o interlocutor por cima dos óculos. — O Guilhermino desviou-se tanto? Será possível?

— Ora, ora — aventurou uma senhora na turma, sussurrando —, a esposa dele é uma infortunada. Guilhermino é bastante pervertido para entender o que sejam obrigações do lar.

---

[33] N.E.: Alisava, passava a mão.

Azevedo, olhar transbordante de malícia, acrescentou:

— Nunca me enganou o patife. Velho malandro, o Guilhermino! Simples lobo na pele de ovelha. Conheço-lhe as patranhas, desde o primeiro dia em que me buscou, pedindo socorro.

E a conduta do ausente foi ali examinada, minúcia por minúcia.

Chamavam-lhe irmão, de quando em quando, classificando-o de velhaco, alguns instantes depois.

Quando a pequena assembleia pareceu desinteressada, alguém recordou que Palhares estava demorando. Bastou isso para que se concentrasse a atenção geral no retardatário.

Após verificar que ninguém se encontrava à escuta nas vizinhanças, a senhora Fagundes começou:

— Nosso médium já não é o mesmo... Nunca chega à hora, nada recebe de útil nas sessões e vive sempre desapontado...

— Não sabe o que vem acontecendo? — perguntou uma companheira irrequieta. — Palhares anda agora bebericando... Por três vezes, senti-lhe pronunciado cheiro de vinho. Como poderá ele, desse modo, receber mensagens elevadas? Quando o médium esquece a responsabilidade própria, tudo vai por água abaixo...

O doutrinador fixou um gesto de puritano e considerou:

— Enquanto permanece ele no bar, demoramos aqui, aguardando reuniões improdutivas. Palhares, presentemente, é um fracasso. Estou cansado de orar e rogar inutilmente...

Decorridos alguns instantes, entra a vítima, identificando sorrisos acolhedores.

Modifica-se a conversação.

Ao passo que o companheiro relaciona os atropelos havidos no lar, comenta-se a laboriosa missão dos médiuns. A maledicência de minutos antes converte-se em observações de suposto entendimento fraternal.

Palhares chega a sentir-se reconfortado e feliz.
Reúne-se à assembleia, em derredor da mesa.
Azevedo ora longamente, rogando a presença de Eneias, o sábio mentor dos trabalhos espirituais.
Silêncio profundo.
Eneias, contudo, não aparece.
Encerrada a sessão, os companheiros fixam o médium, quase irritados, como se fora ele exclusivamente o responsável pela ausência de comunicações com o plano superior.
Azevedo não consegue sopitar os pensamentos íntimos e exclama:
— Não posso compreender. Há mais de oito meses, estamos como que abandonados. Ora-se com fervor, pedimos humildemente; entretanto, Eneias não responde aos nossos apelos.
Todos concordam desapontados.
Na semana seguinte, reúnem-se de novo.
Nessa noite, Palhares está a postos, na hora convencional, mas espera-se pelo velho Azevedo.
Dona Amália, depois de comentar as desilusões sofridas com os vizinhos, afirmando-se perseguida de Espíritos das trevas, começa a tagarelice venenosa da noite. Baixando o tom de voz, sussurrou:
— Disseram-me no bairro que "seu" Azevedo não está procedendo como quem conhece os deveres próprios. Meu primo afirmou que estamos redondamente enganados, que o nosso doutrinador perdeu o juízo, logo após a viuvez. Notificou-me, confidencialmente, tê-lo encontrado, por mais de uma vez, em situação equívoca, desfazendo talvez a felicidade de um lar honesto.
Palhares inclinou-se, esboçou um sorriso brejeiro e acentuou:
— Não costumo comentar os defeitos dos outros e, mormente, em se tratando dum irmão na fé; sempre estimei o silêncio da verdadeira caridade, mas, aqui para nós, a situação é de

fato alarmante. Há no episódio muita coisa a lamentar. Inspira pena o companheiro infeliz.

E como o velho Arantes provocasse uma informação sólida, para conhecer a procedência da acusação, o médium deu de ombros e respondeu:

— Pelo menos é o que me disse um colega da repartição.

— Absurdo! — bradou o Sr. Siqueira, exasperado. — Aonde chegaremos com semelhantes disparates? Azevedo não passa de miserável hipócrita.

Continuavam a operar as línguas venenosas, quando o companheiro penetrou o recinto.

Efusivas e calorosas saudações.

Nem parecia que se comentava tão escabroso assunto.

Durante meses a fio, a situação do grupo mantinha-se inalterada.

Acusavam-se as outras escolas religiosas, apontavam-se os infelizes que a provação atirava ao escárnio público, discutia-se a posição de lares alheios. E, quando faltavam indivíduos para o pasto da maledicência, maldiziam as instituições da época, criticavam os homens de responsabilidade do tempo, duvidavam de todos, espalhando-se leviandades e estabelecendo contradições.

Antes das preces de abertura, era necessário retirar os cinzeiros pletóricos, abrindo-se janelas para melhorar as condições do ambiente.

Decorrido mais de um ano, que se caracterizara pela excessiva conversação dos encarnados, com absoluto silêncio da esfera invisível, Azevedo se revelou, certa noite, mais preocupado e mais emotivo.

Estabelecido o círculo de companheiros, o velho doutrinador começou a orar, sentidamente, entre lágrimas.

Salientava o tempo de doloroso mutismo dos mentores espirituais, rogava esclarecimentos, pedia socorro, implorando auxílio dos protetores benevolentes. Lamentando a ausência de

Eneias, o generoso orientador invisível que tantas vezes se manifestara noutros tempos, o chefe do grupo terminava a súplica:

— Oh! bem-amados amigos da esfera superior, não nos abandoneis... Se estamos em caminho errado, esclarecei-nos! Por que permaneceis distantes há tanto tempo?! Por quem sois, atendei-nos! Ouvi as nossas rogativas, reaproximai-vos de nós, por amor de Deus!...

A essa altura, o pranto embargou-lhe a voz.

A pequena assembleia chorava também, igualmente comovida.

Quando a meditação séria empolgou a maioria dos corações, incorporou-se Eneias, valendo-se de Palhares, e exclamou para todos, pronunciando cada expressão em tom enérgico e amigo:

— Hoje, não iniciamos a palavra espiritual, rogando ao Senhor vos conceda paz, e sim pedindo-vos, com interesse, guardeis a paz que o Senhor já nos concedeu. Vossa prece comoveu-nos a alma; entretanto, estais equivocados. Nunca estivemos ausentes do trabalho nobre. Aqui nos conservamos invariavelmente no cumprimento do dever, que é fonte de alegrias. Há mais de um ano, porém, utilizais todo o tempo no comentário venenoso e cruel. Quando não criticais as nações, as coletividades, os lares e as reputações alheias, costumais ferir-vos uns aos outros. Como vedes, meus irmãos, estamos a esperar por vós, que tanto vos distanciastes da obrigação justa. Recordai que é necessário empregar o verbo, no sentido da criação superior. Falai, construindo com a vossa palavra algo de útil para a vida eterna. Não temos, por enquanto, outra mensagem. Quando terminardes as sessões de maledicência, estaremos prontos a iniciar convosco a sessão de Espiritismo construtivo e de Evangelho redentor.

Daí a momentos, a reunião estava finda e, naquela noite, todos se retiraram do recinto, em silêncio.

~ 44 ~
Opiniões alheias

As dificuldades de dona Josefina Murta eram, indiscutivelmente, bem grandes. Entretanto, se a pobre senhora não encontrava disposição segura para atender às obrigações mediúnicas, é que vivia sempre sob impressões desagradáveis da sensibilidade enfermiça.

Logo que se lhe manifestaram os fenômenos de incorporação, procurou aderir, de boa vontade, à tarefa, mas não possuía bastante força para resistir às apreciações desfavoráveis.

— Josefina — disse-lhe, certa feita, o marido —, necessita você de melhor educação mediúnica. Deve compreender que o médium sensato pode melhorar o próprio ambiente, em qualquer reunião.

A esposa ouvia, contrafeita, e retrucava:

— Não sei como fazer, Aparício. Nem tudo depende de nós.

— Isto não — tornava o companheiro, conselheiral —, a educação corrige qualquer defeito. As manifestações turbulentas, por seu intermédio, constituem verdadeiro desastre.

Josefina levava o lenço aos olhos para enxugar o pranto de nervosismo. E, abespinhada, entrava em rigoroso silêncio.

Depois desse dia, quando voltou novamente à sessão semanal, o presidente da agremiação observou-lhe, em tom confidencial:

— Minha irmã, no instante da recepção de nossos amigos desencarnados, peço-lhe muita atenção. Não se entregue, de maneira absoluta, ao desequilíbrio de nossos irmãos sofredores e perturbados. Controle-se, quanto lhe for possível. Como sabemos, o médium não deve permanecer em extrema passividade. Ainda mesmo nos casos de sonambulismo puro, é imprescindível que o trabalhador sincero esteja vigilante. O tumulto nas sessões desorganiza o serviço espiritual. Espero me releve estas observações. É que me compete o dever de avisá-la em particular.

Dona Josefina, muito corada pela advertência ouvida, agradeceu em palavras entrecortadas de pranto.

Sentou-se, como de costume, à mesa da oração, sentindo-se envergonhada e ferida.

No momento das atividades mediúnicas, porém, absteve-se.

O demônio do medo iniciara a ofensiva. A medianeira das entidades espirituais mobilizou a resistência de que dispunha e permaneceu invulnerável. Terminada a reunião, respondeu às perguntas de Aparício, alegando que, naquela noite, não sentira a menor influenciação.

Longe, no entanto, de estudar os deveres legítimos que lhe cabiam à alma e sem qualquer propósito de desenvolver os valores da cultura e do sentimento, Josefina Murta deixava-se conduzir pela sensibilidade atormentada.

Guardava consigo muitas noções singulares de amor-próprio e cercava-se, na intimidade, de vigorosos preconceitos. Acima de tudo, agastavam-na profundamente quaisquer observações que partissem dos outros.

Em razão do ocorrido, não mais se confiou ao trabalho de esclarecimento e consolação das entidades sofredoras.

Continuando, porém, a frequentar o núcleo espiritista —
não só porque o esposo ali recebia valiosas contribuições à saúde,
como também porque os seus orientadores invisíveis insistiam
pela sua adaptação à tarefa —, certa noite, depois de proveitosa
reunião, chamou-a o diretor da casa, sentenciando:

— Dona Josefina, creio que a senhora está reagindo mais
do que deve. Lembre sua missão na mediunidade. Em tal serviço, o instrumento não pode entregar-se, de todo, aos Espíritos
imperfeitos que nos visitam, mas também não deve negar-se ao
trabalho, mantendo-se em extrema atitude de reação. Dê curso
à sua tarefa. Não se descuide. Recorde, sobretudo, que o nosso
tempo é muito curto na Terra.

A interpelada agradeceu e, na reunião imediata, retomou
os afazeres medianímicos. Procurou desenvolver sobre si própria o controle possível. Comunicou-se, por meio dela, na
primeira noite de retorno ao esforço psíquico, uma entidade
bem-intencionada, mas em grande perturbação, conversando
longamente.

Encerrados os serviços, o Sr. Carvalho Serra esclareceu, irrefletidamente, dirigindo-se à esposa de Aparício:

— Desculpe-me, dona Josefina, mas na condição de amigo
sincero de suas faculdades, cabe-me dizer-lhe que o comunicante
desta noite é um grande mistificador. Notei que o patife soube
fingir como ninguém. Gesticulou estudadamente e exprimiu-se
com indisfarçado fingimento.

A médium registrou um choque doloroso. Ferida no fundo
da alma, começou a chorar, convulsivamente.

Dominada pelas impressões alheias, abandonou a mediunidade falante e tentou a psicografia.

A princípio, movimentava-se-lhe a mão direita, sem rumo
exato, traçando sinais ilegíveis.

O orientador do núcleo, na décima noite de experimentação, endereçou-lhe a palavra amiga:

— Dona Josefina, admito que a senhora deve fazer o possível para auxiliar as entidades que nos visitam. Repare que há dez semanas, precisamente, a senhora apenas recebe garatujas.[34] Suponho que, se utilizasse a intuição, mostrando-se mais receptiva, tudo andaria pelo lado melhor.

A esposa de Aparício orou, pediu o socorro de Jesus e, auxiliada por generosos amigos da Espiritualidade, psicografou extensa mensagem na sessão seguinte.

Exultava de contentamento e elevava ardentes agradecimentos a Jesus, quando o diretor da casa tomou as páginas para a leitura em alta voz.

Tratava-se de peça edificante, moldada em princípios evangélicos, exortando os companheiros ao serviço do bem, com humildade e fé. Assinava a pequena epístola devotado mensageiro invisível da equipe de assistência ao grupo.

Ninguém, todavia, percebeu a essência educativa e consoladora da mensagem. Todos anotavam, antes de tudo, a forma verbalista, e o mentor do núcleo se detinha, a cada trecho, para analisar a letra, a ortografia e a construção fraseológica. Finda a leitura, comentou, impiedoso, em tom grave:

— Infelizmente, estas páginas não podem ser do emissário que supostamente as subscreve. O português apresenta numerosas falhas. Aliás, é preciso observar que a nossa irmã Josefina permanece ainda em treinamento mediúnico e semelhantes mistificações são naturais e necessárias.

A pobre dama prorrompeu em soluços, novamente desalentada.

Acalmou-a carinhosamente o esposo:

— Não há razão para tantas lágrimas — disse —; resigne-se querida! Continuemos devotados ao serviço de nossa fé. Dentro de algum tempo, estará você convenientemente preparada e feliz. Não chore assim. Ergamos nossa coragem.

---

[34] N.E.: Tolices, bobagens.

Dona Josefina, no entanto, não conseguiu sofrear o enorme desânimo. Em sua sensibilidade ferida, julgava-se ao desamparo, sem apoio, sem incentivo. Devia, a seu ver, afastar-se dos labores doutrinários para sempre; tantos espinhos a defrontavam na estrada e tantas advertências ouvia, que deliberou interromper o desenvolvimento de ordem psíquica.

Prosseguiu frequentando invariavelmente o núcleo, em companhia do esposo, mas tornou-se intencionalmente impassível. Sentia a presença dos desencarnados, ouvia-lhes os apelos; contudo, negava-se agora a qualquer colaboração nas atividades de intercâmbio. A sua mãezinha, que desde muito lhe antecedera os passos ao além-túmulo, implorava-lhe atenção para com os deveres assumidos, destacando a necessidade de paciência e buscando curar-lhe as chagas da sensibilidade doentia. Josefina, porém, fizera-se igualmente surda aos apelos maternos. Afirmava-se cansada de fracassos e desilusões. E, longe de refletir na extensão dos bens que poderia espalhar, intoxicava-se com as migalhas de ignorância que o mundo lhe atirava ao campo de serviço redentor. Declarando-se extremamente ofendida, resistiu a todas as solicitações do esposo e dos mais sinceros amigos.

Trinta anos correram céleres sobre a sua atitude de retraimento e negação, até que a morte lhe requisitou, de novo, o corpo físico.

Num misto de aflição e esperança, entregou-se ao grande transe. Com inexprimível assombro, porém, verificou, à última hora, que sua abnegada mãe se mantinha, em pranto, junto ao leito mortuário...

Preocupada e receosa, desligou-se do veículo carnal com dificuldade inexprimível, e, exausta, abraçou-se à genitora, exclamando, por fim:

— Minha mãe, minha mãe, por que choras? Não é a morte a vida eterna? Não estaremos juntas para sempre?

— Ah! minha filha — redarguiu a benfeitora, lacrimosa —, venho acariciar-te no limiar da nova vida; entretanto, não te retirarás ainda do mundo!... Não cumpriste a tarefa, junto à família espiritual que o Senhor te confiou...

— Que dizes? — perguntou Josefina, aterrada.

— Reporto-me ao teu grupo doutrinário, querida filha! O Mestre não nos reúne uns aos outros casualmente. Em cada situação da vida, há um dever mais alto que é necessário cumprir. E agora terás duplicada luta pela ausência do corpo terrestre!...

— Mas, minha mãe — tornou a desencarnada —, não cumpri os meus deveres de esposa, não me dediquei ao marido até ao fim?

A prestimosa mensageira fixou um gesto triste e acentuou:

— Em semelhante setor do aperfeiçoamento, és a obreira plenamente aprovada. No entanto, esqueceste as tuas obrigações de irmã, porque, em verdade, não vieste ao mundo para te embaraçares nas opiniões alheias, e sim para realizar a vontade do Senhor, em ti mesma, no serviço aos semelhantes.

45
A proibição de Moisés

Conta-se que, no deserto, ao tempo de Moisés, grandes sábios da Espiritualidade estudaram os recursos de fornecer ao mundo novo roteiro de revelações. Com semelhante empreendimento, os homens poderiam excursionar aos domínios da morte, aprendendo, pouco a pouco, a se aprimorarem, de acordo com a Lei divina. Concretizado o projeto, cujas particularidades eram privativas das autoridades superiores, intercâmbio natural se faria entre os vivos do planeta e os vivos do Além, religando-se a Terra, gradativamente, ao paraíso perdido, pelo reajustamento espiritual de seus filhos.

Informado quanto à iniciativa, o grande legislador dos hebreus passou a colaborar com os instrutores desencarnados, na execução da experiência.

Organizaram-se os primórdios do serviço.

Necessitavam, para começar, de um organismo feminino, suficientemente passivo, que atendesse na qualidade de medianeiro, entre os dois mundos. Ouviria ela os Espíritos desencarnados e encarnados, com a serenidade precisa, colocada num campo de vibrações delicadas, entre ambas as esferas, iniciando-se, dessa forma, o arrojado experimento.

O assunto era novo e interessaria a milhões de seres. Em razão disso, a mulher instrumento exibiria trajes despistadores para não provocar obsessões afetivas. Não se lhe identificaria a condição pelas vestes. Envergaria túnica de homem e não seria conhecida nem pela feminilidade interior nem pela masculinidade aparente. Seria o oráculo, destinado a abrir novos caminhos à mente do povo escolhido.

Os hebreus teriam direito de indagar com nobreza e valer-se do serviço em necessidades importantes, numa cota de vinte por cento das atividades, reservando-se os demais oitenta por cento de possibilidades da tarefa ao plano espiritual, a benefício coletivo. Quanto ao oráculo, manter-se-ia em posição de serviço desinteressado a todos, sem grandes laços no coração para não comprometer a obra e cultivando o trabalho comum do pão de cada dia pelo suor digno, de modo a não parecer orquídea dos mortos ou sanguessuga dos vivos.

Encontrada a pitonisa, que se submeteu às condições estabelecidas, encetou-se o trabalho.

Moisés rejubilava-se. Quem sabe? Talvez a iniciativa viesse melhorar o espírito geral. O povo necessitava iluminação pelos dons celestes. Tentava explicar diariamente as obrigações da alma para com o Deus único; entretanto, encontrava somente dureza e ingratidão. A intervenção pública da esfera maior provavelmente lançaria imensa luz sobre o Decálogo. Os mandamentos divinos, certo, seriam interpretados com a beleza sublime de que se revestiam. E o testamento do Céu seria glorificado.

Inaugurou-se o serviço com grandes esperanças.

As primeiras semanas foram de ação ambientadora, que se consumou, aliás, com a rapidez do relâmpago.

Quando o povo reconheceu que os mortos se comunicavam efetivamente e que aquela organização se constituía de bálsamo e verdade, o ministério assumiu características inquietantes.

Judeus de todas as tribos afluíram de todos os lados. Do deserto em que se achavam, partiram mensageiros para as regiões circunvizinhas, espalhando a notícia. Descendentes de Abraão em Mara e Socoth, Horma e Hesebon foram cientificados. Remanescentes de Israel, no Egito e na Caldeia, receberam informes. E, em breve, rodeava-se o oráculo de impulsiva multidão.

Moisés, que se alegrara a princípio, tremeu de receio.

A pitonisa, que se dedicara ao experimento com sincero otimismo, viu-se, de um instante para outro, qual frágil barquinho no dorso de vagas enfurecidas. Sustentada por um fio do plano espiritual que, a custo, lhe evitava completa imersão nos estranhos recôncavos do abismo, resistiu, corajosa, nos primeiros tempos, e a missão prosseguiu, se bem que anormalmente.

O povo, ao qual se destinavam as bênçãos do intercâmbio com a esfera superior, não compreendeu o serviço instituído. Ninguém desejava elucidações referentes aos mandamentos divinos. Não desejava informar-se quanto à natureza da luz que visitara o Sinai e muito menos aceitava diretrizes edificantes para que, mais tarde, atingisse mais altos círculos da vida. Queria gozar a hora presente, assenhorear-se de patrimônios dos vizinhos, ganhar guerras com o estrangeiro, armazenar trigo e vinho, pilhar terrenos devolutos, conquistar rebanhos indefesos, construir carros de triunfos sanguinolentos. Para isso, o oráculo, em vez de ouvir a Espiritualidade superior que o sustentava na difícil empresa, passou a receber milhares de consultas sobre os mais rasteiros interesses da vida material. Cruelmente enganados pelas próprias ilusões, homens e mulheres de Israel cobriam-no de glórias exteriores; transportavam-no, de um lugar a outro, sob manifestações festivas e impunham-lhe destaque singular nos galarins da fama.

E a tarefa prosseguiu.

Abnegados orientadores da vida mais alta acompanhavam a missão sempre dispostos a beneficiar; todavia, nunca chegaram a dez por cento das realizações elevadas que lhes competiam.

O povo apenas procurava fugir à execução dos desígnios do Pai supremo. Não pretendia ouvir as vozes do Alto, e sim fazer vozerio e tumulto embaixo. De modo algum, desejava elevar a Terra à luz do Reino celeste, e sim converter o Reino divino em escuro subúrbio das paixões terrestres. Em face dos benfeitores que vinham atendê-lo, solicitamente, intentava somente alijar dificuldades benéficas, resolver questões profundamente inferiores do drama evolutivo, com plena obtenção de favores baratos e elixires da juventude. Ninguém procurava trabalho, iluminação, elevação, conhecimento, aperfeiçoamento ou melhoria própria. Em vista disso, o oráculo era muito mais pomo de discórdia terrestre que elemento de construtividade espiritual. Vivia como um terreno litigioso, provocando malquerenças e desentendimentos sem-fim.

Tantas lutas estéreis foram acesas, que os missionários de cima deliberaram interromper a experimentação. A turba era demasiado infantil para receber a revelação que não chegava nem mesmo a vislumbrar. No auge da tempestade que se fazia cada vez mais intensa para a opinião israelita, cortaram o fio de ligação e o oráculo desapareceu no torvelinho.

Acirrou-se a tormenta. Azedaram-se os debates. Surgiram deploráveis semeaduras de ódio, desânimo e desesperação.

O grande legislador, apavorado com as atitudes de sua gente, escreveu então as célebres palavras do capítulo 18 do *Deuteronômio*, situando a consulta aos mortos entre os assuntos abomináveis.

E a proibição perdurou, oficialmente, no mundo, por mais de mil anos, até que o Cristo, em pessoa, a abolisse, no cume do Tabor, conversando com o Espírito do próprio Moisés, perante os discípulos espantados.

~ 46 ~
No portal de luz

À frente do Anjo amigo, que mantinha amorosa vigilância no portal de luz, entre a Terra e o Céu, o crente recém-vindo da luta humana rogou passagem, pronunciando formosas palavras em nome de Deus...

O representante da divindade, porém, depois de fitar-lhe os braços com demorada atenção, inquiriu:

— Que traz?

O candidato ao ingresso no paraíso comentou, espantadiço:

— Sempre respeitei o Senhor e adorei-o nas casas que o mundo consagra à Majestade divina; reconheci a grandeza do Evangelho, aceitando-o por sublime código de salvação da humanidade, interpretando os grandes filósofos e pensadores do passado por embaixadores dele em favor do aperfeiçoamento gradual de nossa inteligência; guardei a fé em todos os acontecimentos da vida; nunca me esqueci da reverência que os mortais devem ao Céu; ouvi com acatamento as elucidações de todos os pregadores da Verdade, arquivando-lhes o bom conselho; jamais perdi a esperança na Justiça perfeita que rege o universo; cada manhã, tanto quanto cada noite, cultivei a prece sentida e pura, pedindo a assistência do Alto; prestei sincero culto aos livros sacros, meditando-lhes os textos iluminativos; fugi, quanto pude, à presença dos ingratos e dos maus; abominei a companhia dos pecadores; censurei os criminosos, por espírito de defesa leal do bem; não combati as religiões, por reconhecer a feição sublime de cada uma; procurei guardar uma consciência sem mancha; evitava o contato com qualquer lugar onde subsistisse o pecado; temi os desvairamentos da carne e afastei-me de todas as pessoas que poderiam induzir-me à tentação para a vida impura; acreditei que a retidão deve orientar todos os negócios; sabendo que a paciência é tesouro sagrado, nunca me abeirei de problemas intrincados, para não perdê-la; convencido de que a paz é um dom celeste, colocava-me à distância de todas as pessoas irritadiças ou encolerizáveis, de modo a manter-me em segurança espiritual, e, ao fim dos meus dias terrestres, fiz de meu aposento e de meu lar o remanso confortador, em deliberada fuga dos homens e dos problemas, a fim de aguardar a morte com a pureza possível...

E fixando no funcionário celeste os olhos suplicantes, acentuou:

— Tudo fiz para não ofender o Senhor...

O Anjo sorriu, complacente, e objetou, com expressão fraterna:

— Meu amigo, suas afirmativas demonstram-lhe o fino trato espiritual. A cultura, a crença e a vigilância proporcionam brilho invulgar à sua individualidade subjetiva; entretanto, suas mãos permanecem apagadas. A passagem aqui, porém, está condicionada à irradiação da luz que cada Espírito possui, em maior ou menor grau, dentro de si mesmo.

E afagando o inteligente aspirante, concluiu bondoso:

— Com tanta luz interior no cérebro, que fez em sua passagem no mundo?

Foi então que o crente, tão loquaz na exposição dos próprios méritos, baixou a cabeça, entrou em silêncio e começou a pensar.

～ 47 ～
O tempo urge

Quando o Senhor determinou que algumas das virtudes celestes viessem ao mundo, trazendo a Felicidade para as criaturas, a Fé acercou-se do Homem, antes das demais, e disse-lhe compassiva:

— O Poder superior governa-nos o destino. Confia na Providência do Pai misericordioso e aprende a contemplar mais longe...

O Homem sorriu e replicou:

— O tempo urge. Viverei seguro na máquina de ganhar e guardar facilmente. Não aceito outras deliberações que não sejam minhas.

Veio a Humildade e pediu:

— Meu filho, não te vanglories do que possuis, porque Deus concede os recursos no momento preciso e retoma-os quando julga oportuno. Sê simples para contentar a ti mesmo.

— O tempo urge — exclamou o Homem, sarcástico —, e se o minuto é meu, que me importa a eternidade? Gozarei o dia, segundo meus desejos. Não tenho necessidade de submeter-me para ser feliz.

Chegou a Bondade e suplicou:

— Ajuda no caminho para que outros te beneficiem. Nem todos os instantes pertencem à primavera. Sê compreensivo e generoso! O rico pede cooperação fraternal, a fim de que a fortuna o não encegueça; e o pobre reclama concurso, para que a escassez não o conduza ao desespero.

— O tempo urge — gritou o Homem —, e não posso deter-me em ninharias. Quem dá, espalha; quem nega, concentra. Minha defesa aparece em primeiro lugar.

Surgiu a Paz e implorou:

— Amigo, esquece o mal e glorifica o bem. Não entronizes a discórdia. Cede em favor dos necessitados. Não te detenhas no egoísmo voraz.

— O tempo urge — respondeu o Homem —, e se eu renunciar em benefício alheio, que será de mim? Cedendo, perderei. Não guardo vocação para a derrota.

Em seguida, compareceu a Paciência e aconselhou:

— Age com calma. Não exijas serviçais em toda parte, porque a tarefa de outros é igualmente respeitável. Socorre os semelhantes, conscientes das próprias necessidades espirituais. Não esmagues as esperanças dos pequeninos e atende à justiça onde estiveres.

— O tempo urge — repetiu o Homem irônico —, e as horas correm excessivamente apressadas para que me entregue a problemas de tolerância. Fixando direitos alheios, não perceberei os que me dizem respeito.

Logo após, abeirou-se dele a Compaixão, implorando:

— Irmão, apieda-te dos fracos!...

O interpelado não lhe permitiu continuar.

— O tempo urge — bradou —, e a questão dos pusilânimes não me atinge. Sou forte e nada possuo de comum com os inúteis e inábeis.

A Caridade apareceu e apelou:

— Meu amigo, perdoa e ajuda para que a tranquilidade more contigo. Tudo passa na carne. A eternidade reside em teu coração. Por que não te amoldares à lei do amor, em benefício da própria iluminação?

O Homem, porém, redarguiu, entediado:

— O tempo urge! Deixem-me! Conheço o caminho e vencerei por mim. Quem perdoa opera contra a dignidade pessoal e quem muito ampara desampara-se.

Então, reconhecendo o Senhor que o Homem estragava o tempo e consumia a vida, inutilmente, sem qualquer consideração para com as virtudes salvadoras, enviou-lhe alguns dos seus poderes, de modo a chamá-lo a juízo.

Aproximou-se inicialmente a Dor.

Não lhe deu conselho algum.

Privou-o do equilíbrio orgânico e acamou-o.

O Homem modificou gesto e linguagem, suplicando:

— Quem me acode? Compadeçam-se de mim!...

Mas a Dor respondeu apenas:

— O tempo urge.

Logo após, veio a Verdade e apodreceu-lhe o corpo.

O Homem rogou:

— Piedade! Piedade! Salvem-me!...

A Verdade, contudo, limitou-se a dizer:

— O tempo urge.

Em seguida, veio a Morte.

O Homem reconheceu-a, apavorado, e pôs-se a gritar:

— Livrem-me do fim! Não posso partir!... não estou preparado!... Socorro!... Socorro!...

A Morte, no entanto, repetiu:

— O tempo urge.

E arrebatou-lhe a alma.

~ 48 ~
Oração do Dois de Novembro

Senhor, deste-nos a verdade. Criamos a mentira.
Acendeste a luz. Disseminamos a treva.
Ensinaste o bem. Praticamos o mal. Concedeste-nos o dom da vida. Semeamos o vírus da morte.
Proclamaste a liberdade pela obediência aos eternos desígnios. Instituímos o cativeiro por meio das paixões inferiores.
Aconselhaste que nos amemos fielmente uns aos outros. Fizemos a separação e o sectarismo.
Cultivaste flores de amor. Alimentamos espinhos de ódio.
Exaltaste a fraternidade. Intensificamos a sombra homicida.
Traçaste campos de serviço promissor. Enfileiramos cemitérios e ruínas.
Facilitaste-nos enxadas e charruas. Convertemo-las em projetis e baionetas.

Mandaste-nos o enxofre que cura, o salitre que aduba e o carvão que aquece. Transformamo-los na pólvora que mata.

Afirmaste que teus discípulos chegariam de todas as partes do Planeta. Amaldiçoamos aqueles que não comungam conosco.

Organizaste caminhos de aproximação entre os homens. Construímos trincheiras.

Criaste a chuva benéfica. Realizamos bombardeios.

Plantaste árvores benfeitoras. Fabricamos espadas mortíferas.

Aceitaste a cruz da redenção. Levantamos a cruz do crime.

Exemplificaste o sacrifício supremo. Disputamos o campeonato do egoísmo.

Escalaste o monte da humildade. Descemos ao abismo do orgulho.

Deste-nos todo o bem, renunciando. Menosprezamos tuas bênçãos e dádivas, exigindo sempre.

Por isso mesmo, Senhor, porque envenenamos as fontes de tua misericórdia, vemos a civilização amargando angustiosa agonia.

Face ao passado delituoso, encarnados e desencarnados, somos antigos mortos no crime, sepultados no cárcere de nossas próprias fraquezas.

Hoje, pois, que os mortos da carne e os mortos que não vivem muito distantes do sepulcro se reunirão, ao pé dos túmulos, e permutarão saudades e preces, no santuário do Espírito, ajuda-nos a compreender as verdades da vida eterna.

Atende, Senhor, à nossa rogativa! Faze que teus verdadeiros emissários esclareçam o nosso entendimento, para que sintamos a extensão de nossos débitos.

Abre-nos os olhos espirituais, para que vejamos o caminho. Enquanto a poeira da carne confunde os nossos irmãos no mundo, grandes multidões, nos planos inferiores, estão perturbadas pela poeira da sepultura.

Confessamos a nossa falência espiritual e reconhecemos as nossas dívidas. Sabemos, porém, Senhor, que somos portadores da Consciência divina. Somos, contigo, herdeiros do eterno Pai e não ignoramos que algo esperas de nós, como esperamos de ti.

Atende-nos, pois, Mestre amado, para que resistamos às trevas e trabalhemos por nossa iluminação, à espera do milênio futuro!

Peregrinos esperançosos, reunimo-nos hoje, na estrada da vida, suplicando a bênção do teu olhar. Comprimem-se turbas aflitas por ver-te. As viúvas de Naim, os Jairos vacilantes, os centuriões atormentados, os discípulos medrosos, os aleijados e os cegos, os coxos e os leprosos, as filhas angustiadas de Jerusalém aguardam, de novo, a tua passagem!... Há também Lázaros sepultados, desde mais de quatro dias, em túmulos caiados, esperando tuas palavras de ressurreição para se levantarem!... Súplicas maternas aliam-se ao choro das criancinhas...

Auxilia-nos, Senhor, a quebrar nossas velhas algemas!

Vidente divino, ensina-nos a ver! Sol de Esperança, ilumina os que se confundem na sombra!...

Dois de Novembro, dia de finados!...

Ó estrela Gloriosa da Vida, mostra-te no cume da montanha, clareando o caminho dos que vagueiam, sem rumo, nos extensos vales da morte!

~ 49 ~
Na glória do Natal

Senhor — Rei divino projetado às sombras da manjedoura —, diante do teu berço de palha recordo-me de todos os conquistadores que te antecederam na Terra.

Em rápida digressão, vejo Sesóstris,[35] em seu carro triunfal, pisando escravos e vencidos, em nome do Egito sábio, e Cambises,[36] o rei dos persas, ocupando o vale do Nilo, antes poderoso e dominador.

Recordo as lutas sanguinolentas dos assírios, disputando a hegemonia do seu império dividido e infeliz.

Nabopolassar[37] e Nabucodonosor[38] reaparecem à minha frente, arrasando Nínive[39] e atacando Jerusalém, cercados de

---

[35] N.E.: Ou Senusret, nome de três faraós da XII dinastia (séc. XX–XIX a.C.).
[36] N.E.: Rei aquemênida da Persia (530–522 a.C.).
[37] N.E.: Rei da Babilônia (626–605 a.C.), fundador da dinastia caldeia.
[38] N.E.: Rei da Babilônia (605–562 a.C.).
[39] N.E.: Cidade da antiga Mesopotâmia.

súditos a se banquetearem sobre presas misérrimas para desaparecerem, depois, num sudário de cinza.

Não observo, contudo, apenas o gentio, na pilhagem e na discórdia, expandindo a própria ambição; o povo escolhido, apesar dos desígnios celestes que lhes fulguram na Lei, entrega-se, de quando em quando, à sementeira de miséria e ruína; revoluções e conflitos ceifam as doze tribos e o orgulho desvairado compele irmãos ao extermínio de irmãos.

Revejo os medas, açoitados pelos cimerianos e citas.

Dario[40] surge, ao meu olhar assombrado, envolvido nos esplendores de Persépolis[41] para mergulhar-se, em seguida, nos labirintos do túmulo.

Esparta e Atenas, entre códigos e espadas, se estraçalham mutuamente, no impulso de predomínio; numerosos tiranos, dentro de seus muros, manobram o cetro da governança, fomentando a humilhação e o luto.

Alexandre, à maneira de privilegiado, passa esmagando cidades e multidões, deixando um cortejo de lágrimas, atrás da fanfarra guerreira que lhe abre caminho à morte, em plena mocidade.

E os romanos, Senhor? Desde as alucinações dos descendentes de Príamo[42] ao último dos imperadores, deposto por Odoacro,[43] jamais esconderam a vocação do poder, arrojando povos livres ao despenhadeiro da destruição...

Todos os conquistadores vieram e dominaram, surgindo na condição de pirilampos barulhentos, confundidos, à pressa, num turbilhão de desencanto e poeira. Tu, porém, soberano Senhor, te contentaste com o berço da estrebaria!

---

[40] N.E.: Rei da Pérsia aquemênida (522–486 a.C.).
[41] N.E.: Nome grego de Parsa, residência real dos aquemênidas.
[42] N.E.: Último rei de Troia.
[43] N.E.: (490–493), rei dos hérulos.

Ministros e sábios não te contemplaram, na hora primeira, mas humildes pastores se ajoelharam, sorridentes, diante de ti, buscando a luz de teus olhos angelicais...

Hinos de guerra não se fizeram ouvir à tua chegada libertadora; todavia, em sinal de reconhecimento, cânticos abençoados de louvor subiram ao Céu, dos corações singelos que te exaltavam a Estrela gloriosa, a resplandecer nos constelados caminhos.

Os outros, Senhor, conquistaram à custa de punhal e veneno, perseguição e força, usando exércitos e prisões, assassínio e tortura, traição e vingança, aviltamento e escravidão, títulos fantasiosos e arcas de ouro...

Tu, entretanto, perdoando e amando, levantando e curando, modificaste a obra de todos os déspotas e legisladores que procediam do Egito e da Assíria, da Judeia e da Fenícia, da Grécia e de Roma, renovando o mundo inteiro.

Não mobilizaste soldados, mas ensinaste a um punhado de homens valorosos a luminosa ciência do sacrifício e do amor. Não argumentaste com os reis e com os filósofos; no entanto, conversaste fraternalmente com algumas crianças e mulheres humildes, semeando a compreensão superior da vida no coração popular...

E por fim, Mestre, longe de escolheres um trono de púrpura a fim de administrares o Reino divino de que te fizeste embaixador e ordenador, preferiste o sólio da cruz, de cujos braços duros e tristes ainda nos envias compassivo olhar, convidando-nos à caridade e à harmonia, ao entendimento e ao perdão...

Conquistador das almas e governador do mundo, agora que os teus tutelados afiam as armas para novos duelos sangrentos, neste século de esplendores e trevas, de renovação e morticínio, de esperanças e desilusões, ajuda-nos a dobrar a cerviz orgulhosa, diante do teu singelo berço de palha!...

Mestre da verdade e do bem, da humildade e do amor, permite que o astro sublime de teu Natal brilhe, ainda, na noite de nossas almas e estende-nos caridosas mãos para que nos livremos de velhas feridas, marchando ao teu encontro na verdadeira senda de redenção.

~ 50 ~
Ano-Novo

Quando o desvelado orientador chegou ao Planeta, encaminhando o aprendiz à experiência nova, o lar estava em festa, na celebração do Ano-Novo.

Músicas alegres embalavam a casa, flores festivas enfeitavam a mesa lauta. Riam-se os jovens e as crianças, enquanto os velhos bebiam vinhos de júbilo.

O devotado amigo abraçou o tutelado e falou:

— Nova existência, meu filho, é qual Ano-Novo. Enche-se o coração das esperanças mais belas. Troca-se o passado pelo presente. Rejubila-se a alma na oportunidade bendita. Promessas divinas florescem no coração.

O tempo é o tesouro infinito que o Criador concede às criaturas. Não esqueças, todavia, que a concessão de um tesouro é título de confiança e toda confiança traduz responsabilidade. Tanto prejudica a obra de Deus o avarento que restringe a circulação dos valores, como o perdulário que os dissipa, olvidando obrigações sagradas.

O tempo, desse modo, é benfeitor carinhoso e credor imparcial simultaneamente. Na Terra, a maioria dos homens não chegou ainda a compreendê-lo.

Os ignorantes perdem-no.
Os loucos matam-no.
Os maus envenenam-no.
Os indiferentes zombam dele.
Os vaidosos confundem-no.
Os velhacos enganam-no.
Os criminosos perturbam-no.
Riem-se dele os pândegos.
Os mentirosos ridicularizam-no.
Os tolos esquecem-no.
Os ociosos combatem-no.
Os tiranos abusam dele.
Os irônicos menosprezam-no.
Os arbitrários dominam-no.
Os revoltados acusam-no.
Aproveitam-no os trabalhadores fiéis.

O tempo, contudo, meu filho, pertence ao Senhor e ninguém pode subverter a ordem de Deus.

É por isso que, ao fim da existência, cada um recebe conforme usou o divino patrimônio.

Vale-te, pois, da oportunidade nova, sem olvidares o dever, convicto de que ninguém falará ou agirá no mundo em vão.

O homem precipita-se. O tempo espera. O primeiro experimenta. O segundo determina.

Se atingiste a alegria de recomeçar, alcançarás, igualmente, o dia de acertar.

Lembra-te de que o tempo ensinará aos ignorantes.
Anulará os loucos.
Envenenará os maus.
Zombará dos indiferentes.

Confundirá os vaidosos.
Esclarecerá os velhacos.
Perturbará os criminosos.
Surpreenderá os pândegos.
Ridicularizará os mentirosos.
Corrigirá os tolos.
Combaterá os ociosos.
Ferirá os tiranos.
Menosprezará os irônicos.
Prenderá os arbitrários.
Acusará os revoltados.
Compensará os trabalhadores fiéis.
Calou-se o venerável ancião.

Havia risos à mesa doméstica, expectativa no candidato à reencarnação, sorrisos paternais no velhinho experiente.

O sábio abraçou novamente o discípulo e despediu-se rematando:

— Não te esqueças de que o tempo é generoso nas concessões e justo nas contas. Vai, porém, meu filho, e não temas.

Nesse instante, à maneira do homem, cheio de esperanças, que penetra o Ano-Novo, o aprendiz reingressou na onda do nascimento.

Índice geral [44]

Abel
    recursos necessários ao estabelecimento de tarefa curativa e – 41

Admoestar
    significado da palavra – 14, nota

Agonia
    causa da * na civilização – 48

Aguilhão
    trabalho do homem na Terra e – 28

Alexandre
    cortejo de lágrimas atrás da fanfarra guerreira e – 49

Alma
    agravamento das doenças verdadeiras da – 11
    corpo ocupado com a * doente – 24, nota

Amélia, dona
    lamentações de Malvina Torres com – 24

Amor
    cura do ódio pelo – 14

Anacleto
    benefícios das reflexões do leito e – 11
    condição espiritual lamentável e – 11
    filho da senhora Ramos e – 11
    frutos da moléstia renitente e – 11
    moléstia de ascendentes de origem moral e – 11
    proveito que a enfermidade oferece e – 11
    suicídio e – 11

Anestesia
    alívio do padecimento e – 2

Angelina
    diagnóstico de epilepsia e – 14

---

[44] Remete ao número do capítulo e à mensagem *Pontos e contos*.

Índice geral

filha de Sinfrônio Lacerda e – 14
perturbações psíquicas e – 14
união de * ao obsessor – 14

Antônio
débito de * com Ezequiel – 24
palestra de Ezequiel e * na residência
  da família Torres – 24

Aparício
Josefina Murta, esposa de – 44

Aprendiz de longe
adiamento dos testemunhos
  de fé e – 10
cólera e – 10
cooperação com honras e – 10
crença, descrença e – 10
desatenção e – 10
dificuldade na oração e – 10
estradas floridas e – 10
honrarias e prazeres e – 10
melindres e – 10
posse e – 10
prosperidade material e – 10

Aprendiz fiel
Jesus e – 20
pedido de autoridade e – 20
pedido de dinheiro e – 20
pedido de dons maravilhosos e – 20
pedido de pobreza e
  obscuridade e – 20

Arimã
doador do mal na Pérsia e – 15, nota

Aritogogo, chefe indígena
lição de – 32
propriedade de Deus e – 32
supérfluo e necessário e – 32

Árvore
plantação da * benfeitora e fabricação
  de armas mortíferas – 48

Árvore divina
doente desesperado e – 12
escultor hábil e – 12
Evangelho e – 12
filósofo e – 12
geneticista e – 12
infortunado vagabundo e – 12
Jesus e o chamado discípulo e – 12
negociante e – 12
pastor e – 12
pintor e – 12
polemista e – 12
pregador de frases corretas e – 12
sacerdote e – 12

Atanásio, orientador espiritual
adiamento da tarefa e – 41
comentários do benfeitor
  espiritual e – 41
integração de alguns irmãos na
  posse dos bens de cura e – 41

Atenas
fomentação da humilhação
  e do luto e – 49

Aurélio, Marco
inspiração de entidades
  superiores e – 15

Avelhentado
significado da palavra – 8, nota

Avião
união entre os povos e – 2

Bartolomeu, apóstolo
libertação do medo e – 36
medo da perseguição e – 36

Índice geral

Bem
ensino do * e prática do mal – 48

Benigno, mentor espiritual
Belmiro Chaves, amigo de – 30

Boa vontade
irradiação de * e amor – 33

Calígula
obsidiado e – 15

Cambises
considerações sobre – 49, nota

Can
doação da viúva de * ao Santo dos Santos – 8

Caná
transformação da água em vinho e – 15

Capital
aguilhão e trabalho do homem na Terra e – 28
fantasma para a felicidade humana e – 28
recurso de sofrimento purificador e – 28

Carnegie
biografia de – 28, nota

Cassilda
desencarnação de – 34
Matilde, mãe de – 34

Causídico
significado da palavra – 23, nota

Caviloso
significado da palavra – 35, nota

Celeste orientador *ver* Jesus

César, Júlio
Suetônio e assassínio de – 15, nota

Céu
chegada de atormentada mãe ao – 6

Charrua
conversão da enxada e da * em projetis e baionetas – 48

Chaves, Belmiro, médium curador
beneficiamento sem estabelecimento de algemas e – 30
Benigno, mentor espiritual, e – 30
causa do atraso evolutivo de * Espírito – 30
conversão de * Espírito, em verdadeiro escravo – 30
desencarnação de – 30
edificação interior da alma para a vida eterna e – 30
Espiritismo e – 30
serviço sem vaidade e – 30
trabalho de assistência ao perispírito e – 30

Chineses
recepção dos mortos além do túmulo e – 15

Chusma
significado da palavra – 15, nota

Chuva
criação da * benéfica e realização de bombardeios – 48

Clariaudiência
significado da palavra – 15, nota

Clarividência
significado da palavra – 15, nota

Índice geral

Cláudio, benfeitor espiritual
    diretor invisível do grupo
        doutrinário e – 4
    espera pela colheita de
        ensinamentos e – 4

Código jurídico hindu – 15, nota

Cofiava
    significado da palavra – 43, nota

Cômodo
    obsidiado e – 15

Confraternização
    percepção do imperativo da – 6

Consciência
    contas espirituais com a própria – 37

Coração
    passagem dos tesouros guardados
        no santuário do – 13

Correia, Aureliano
    abandono da caverna dos
        instintos inferiores e – 19
    bem-estar de quem encontrou
        o amor universal e – 19
    dificuldades da Terra e – 19
    discípulo sincero da Nova
        Revelação e – 19
    doutrina para proteção própria e – 19
    encontro com orientador
        espiritual e – 19
    esquiva aos sacrifícios terrestres e – 19
    negativa de alimentação do
        homem velho e – 19

Costa, Sra.
    comentário da * integrante do
        grupo doutrinário – 4

Criminoso
    origem da tristeza do – 18

Cristianismo
    indivíduo, coluna sagrada
        no templo do – 2

Cristo *ver* Jesus

Cristovão
    Leonarda, esposa de – 39

Cruz, Azevedo, doutrinador
    ausência do médium
        Guilhermino e – 43
    prece de – 43

Dario
    considerações sobre – 49, nota

Débito
    sentimento da extensão de nosso – 48

Decálogo
    oráculo e lançamento de
        luz sobre o – 45

Deus
    Aritogogo, chefe indígena, e
        propriedade de – 32
    entendimento da necessidade
        de união com – 6
    Jesus e representação dos
        interesses de – 25
    prejuízo a obra de – 50

Diana
    cântico de vitória e – 38
    consagração de * ao ministério
        de iluminação das almas
        cegas e infelizes – 38
    distanciamento dos benfeitores
        espirituais e – 38

dívida insolvável para com os irmãos
do purgatório escuro e – 38
egoísmo, ciúme e – 38
embaixatriz da caridade e
da sabedoria e – 38
sublimidade do halo radioso de – 38
trabalho aos irmãos das zonas
mais baixas da vida e – 38
trio de verdugos cruéis e – 38
vaidade, prostituição e – 38
visita as furnas do sofrimento
purgatorial e – 38
visita de nobre missionária
do bem e – 38

Dinheiro
Abelardo Tourinho e defesa
do mal diante do – 23
crente sincero e solicitação
de * a Jesus – 20
obra do homem espiritualizado e – 32
obra do homem vulgar e – 32
perigoso tirano da alma e – 8

Discípulo de perto
aceitação do martírio e – 10
angústia do serviço sacrificial e – 10
atalho espinhoso e – 10
constante vigília e – 10
descoberta da divina lição
do sofrimento e – 10
empenho da própria vida e – 10
paciência na compreensão
e ajuda e – 10
perdão sempre e – 10
prazer de dar sem recompensa e – 10
serviço com humildade e – 10
suprema vigilância e – 10

Divino Amigo *ver* Jesus

Divino Dispensador *ver* Jesus

Divino Orientador *ver* Jesus

Divino Pai *ver* Deus

Divino Pomicultor *ver* Jesus

Doença
percepção dos impositivos de
ordem moral e – 11

Doravante
significado da palavra – 13, nota

Doutrina Espírita *ver
também* Espiritismo
Bonifácio Pessanha e – 31

Dracma
significado da palavra –
Pontos e contos, nota

Edificação divina
concurso dos apóstolos
humanos na – 2

Edison
biografia de – 2, nota
brilho da lâmpada de *
expulsando as trevas – 2

Efraim
Atad, pai de – 10
sonhos de grandeza terrestre e – 10

Efraim, o levita de Cesareia
doação de * ao Santo dos Santos – 8

Elias, benfeitor espiritual
diretor invisível do grupo
doutrinário e – 4
sugestão de – 4

Elpídio
Cipriano Neto e – 40

Emilinha
comportamento rebelde de – 34

desencarnação de – 34
discordância das teorias
    de sobrevivência e
    reencarnação e – 34
encontro de * com sua mãe no
    plano espiritual – 34
insensibilidade às advertências
    maternas e – 34
Matilde, mãe de – 34
reencarnação de * como criada na
    residência de Matilde – 34

Eneias, mentor espiritual
    ausência de * nos trabalhos
        espirituais – 43
    sessões de Espiritismo
        construtivo e – 43

Energia elétrica
    diminuição do sacrifício do
        braço escravizado e – 2

Enxada
    conversão da * e da charrua em
        projetis e baionetas – 48

Enxofre
    transformação do * que cura na
        pólvora que mata – 48

Eponina, dona, médium
    Bonifácio Pessanha e – 31

Ericeira, Olímpio, ex-
    médico na Terra
    aceitação das manifestações
        patogênicas e – 11
    enfermidades de longo curso e – 11
    inteligência reencarnada e
        funcionamento das
        moléstias e – 11
    moléstia acidental e – 11
    patologia, desequilíbrio
        psíquico e – 11
    reflexo das enfermidades e – 11
    renovação dos conceitos clássicos
        da Medicina e – 11

Escola divina
    encontro com o socorro na
        * da ascensão – 5

Esfera inferior
    aflição de desencarnados na – 3

Esopo
    fabulista grego e – 16, nota
    história de uma besta de carga e – 16
Esparta
    fomentação da humilhação
        e do luto e – 49

Espiritismo
    essencialidade da expressão
        religiosa do – 27
    estudiosos do * e mania
        de novidades – 27
    evidência para o * estritamente
        científico – 27
    Novo Testamento e manancial
        de * divino – 15
    porta da esperança para um
        mundo melhor e – 27
    profundas ilações de ordem
        moral e – 27
    realização cristã, primeiro
        programa do – 27
    Sérgio Mafra e – 18

Espiritista
    peste mental, convicção
        do * de hoje – 15

Espírito desencarnado
    crença no *, característico de
        miséria intelectual – 15

Índice geral

Espírito infeliz
   comportamento de Sinfrônio
   Lacerda diante do – 14

Espírito superior
   condição para merecimento
   da convivência do – 17

Espírito
   doutrinação do * e do grupo
   doutrinário – 4
   realizações do *, patrimônio
   eterno – 39

Espiritualidade
   padecimentos dos pioneiros da – 17
   sábios da * e novas revelações
   do mundo – 45
   sulco marcante da * na
   evolução terrestre – 15
   técnica da cooperação com
   a * superior – 17

Espiritualismo
   problemas do * contemporâneo – 15

Eufrates
   significado da palavra – 16, nota

Eulália
   desencarnação de – 34
   Matilde, mãe de – 34

Evangelho
   Abelardo Tourinho e falta de
   tempo para estudo do – 23
   árvore divina produzindo sementes
   de vida eterna e – 12
   bom samaritano e – *Pontos e contos*
   carta do mundo que glorifica
   a paz na Terra e – 2
   casa sobre a rocha e – *Pontos e contos*
   dracma perdida e – *Pontos e contos*
   figueira infrutífera e – *Pontos e contos*
   filho pródigo e – *Pontos e contos*
   livro da vida e – *Pontos e contos*
   mordomo infiel e – *Pontos e contos*
   parábola do rico e – *Pontos e contos*
   rendição do juiz contrafeito
   e – *Pontos e contos*
   roteiro palpitante da vida e – 37
   semente de mostarda e –
     Pontos e contos
   virgens loucas e – *Pontos e contos*

Evangelho de Lucas
   Simeão e – 25

Ezequiel, mensageiro espiritual
   débito de Antônio com – 24
   dívida do pretérito de * com
   Malvina e João – 24
   família Torres e programa de proteção
   educativa e – 24
   observação dos serviços de Antônio
   junto a família Torres e – 24
   proteção aos companheiros
   na carne e – 24

Fariseus
   zelo no culto externo e – 8

Fé
   mostra da liberalidade da – 8

Fera simbólica
   adversário na senda de
   purificação e – 5

Fernandes, Segismunda, dona
   comentário de * integrante do
   grupo doutrinário – 4

Figueiredo, Anselmo, bancário
   acendimento da luz da
   própria alma – 42
   desencarnação de – 42

encontro de * com a mãe no
    plano espiritual – 42
fuga a todas as oportunidades de
    iluminação íntima e – 42
necessidade de matar o tempo e – 42
parecer de * sobre o pensamento
    religioso – 42

Filipe, apóstolo
    libertação do medo e – 36
    medo da crítica e – 36

Flor
    cultivo da * de amor e alimentação
        do espinho de ódio – 48

Fome
    solução do comércio diante da – 2

Ford, Henry
    biografia de – 28, nota

Garatuja
    significado da palavra – 44, nota

Gratulatório
    significado da palavra – 1, nota

Grécia
    formulação de perguntas
        aos mortos e – 15

Grupo doutrinário
    anormalidades significativas no – 4
    Cláudio, diretor invisível do – 4
    Elias, diretor invisível do – 4
    Silvério Matoso, doutrinador do – 4
    visita de alguns sofredores ao – 4

Guerra
    cerceamento da ação
        esmagadora da – 2
    desdobramento das ambições
        desmedidas e – 32

maléficios do monstro da – 2
recurso infalível para extinção da – 2

Guilhermino
    ausência de – 43
    queda de – 43

Hidrocefalia
    significado da palavra – 23, nota

História de uma besta de carga
    Esopo e – 16, nota

Homem
    aguilhão e trabalho do * na Terra – 28
    Bondade, compreensão,
        generosidade e – 47
    Caridade, perdão e – 47
    Compaixão, piedade dos fracos e – 47
    conselhos da prudência e – 32
    Dor, doença e – 47
    Fé, contemplação mais longe e – 47
    filosofia do imediatismo e – 11
    Humildade, simplicidade e – 47
    Morte, arrebatamento da alma e – 47
    Paciência, ação com calma e – 47
    Paz, esquecimento do mal e – 47
    reforma do * e reforma
        do mundo – 37
    representação dos interesses do
        Céu no coração do – 25
    respeito a todo o * digno – 33
    Verdade, apodrecimento
        do corpo e – 47

Humanidade
    Jerusalém libertada, símbolo
        da * redimida – 2
    lenitivo e socorro para os
        flagelos da – 2

Humildade
    escalada do monte da * e descida
        ao abismo do orgulho – 48

Índice geral

Ideia
pensamentos simples e
puros e * nova – 37

Idolatria
fuga à idolatria dos próprios
desejos e – 33

Ignorância
conhecimento dos sorrisos
e lágrimas do
picadeiro da – 17
tochas acesas contra as
sombras da – 17

Imanifesta
significado da palavra e – 10, nota

Imediatismo
escolho nos trabalhos de assistência
aos encarnados e – 11

Imortalidade
nascimento da ideia da – 15

Indisciplina
observação dos efeitos escuros
da * e da vaidade – 4

Inferno
criação de um * de padecimentos – 32

Inquietação
mal de todos os séculos e – 27

Inspiração divina
espaço mental para – 37

Instrutor inteligente
lei do renascimento e – 22
preparação do solo e – 22
semeador incompleto e – 22
semeador incompreendido e – 22
visita do Anjo libertador e – 22

Inteireza
significado da palavra – 14, nota

Interromper
significado da palavra – 13, nota

Jeroboão
doação de * ao Santo dos Santos – 8

Jerônimo, mentor espiritual
Sinfrônio Lacerda e – 14

Jerusalém
símbolo da humanidade
redimida, * libertada – 2

Jesus
angústia de * ante a flagelação
e a cruz – 10
anúncio do nascimento de *
por vias mediúnicas – 15
aparecimento do gérmen de *
em nossas almas – 37
aplicação dos princípios curativos
e regeneradores de – 2
aprendiz de longe, discípulo
de perto e – 10
aprendizado das lições de – 3
clariaudiência e – 15, nota
clarividência e – 15, nota
contemplação de * na hora
primeira – 49
conversa de * com Moisés
no monte Tabor – 45
convite de * à caridade e à harmonia
ao entendimento e ao perdão – 49
cura e – 15
cura de enfermos ou de obsidiados
e – *Pontos e contos* diálogo
entre * e Malebel – 1
diálogo entre * e o crente – 13
distribuição das graças de * de
acordo com as solicitações
dos discípulos – 20

encontro com *, ideal que impulsiona
o espírito de pecador – 17
encontro de * com Tiago
e Matias – 35
ensino da luminosa ciência do
sacrifício e do amor e – 49
fenômenos na passagem de – 15
importância do Natal de – 37
incorporação e – 15
interrogatório do ministro de – 3
levitação e – 15
lição ao homem diferente e – 29
materialização e – 15
missão de * em auxílio a Judas – 35
modificação da obra de todos os
déspotas e legisladores e – 49
multiplicação dos pães e –
Pontos e contos; 1
recepção de almas chegadas
da Terra pelas
asas do sono e – 29
renovação das promessas do
Reino de Deus e – 1
renovação em – 37
representação dos interesses
de Deus e – 25
representação dos interesses
do Céu na Terra e – 25
representação dos interesses do Céu
no coração dos homens e – 25
rogativa de linda jovem e – 29
seguidores de * e adversários na
senda de purificação – 5
sentimento da bondade de – 37
serva anônima encarregada da
limpeza sacrificial e – 8
Simeão e saudação de * criança – 25
sinais dos cravos da cruz
nas mãos de – 13
solicitação de cavalheiro
respeitável e – 29
súplica da bênção do olhar de – 48
súplica de filósofo e – 29

súplica de lavrador e – 29
súplicas de mãe e – 29
transubstanciação e – 15, nota

Joaquim
desencarnação de – 26
Mercedes Nunes, esposa de – 26

Jonas
recursos necessários ao
estabelecimento de tarefa
curativa e – 41

Jordão, rio
vozes diretas do Céu e – 15

Judas, apóstolo
intenções de – 35
missão de Jesus em auxílio a – 35
tragédia do Gólgota e – 35

Juliano, orientador da esfera
espiritual Bonifácio Pessanha e – 31
dor e obstáculos, legítimos
instrutores e – 31
perigo das indagações
sistemáticas e – 31

Lacerda, Sinfrônio
Angelina, filha de – 14
assistência aos obsidiados e – 14
desencarnados sofredores ou
ignorantes e – 14
doutrinações por meio do
exemplo e – 14
Espírito infeliz e – 114
Jerônimo, mentor espiritual, e – 14
qualidades magnéticas, clarividência
admirável e – 14
reuniões semanais no ambiente
da família e – 14
união de * ao obsessor da
filha Angelina – 14

Índice geral

Látego
significado da palavra – 21, nota

Leonarda
Cristovão, marido de – 39
inquietação com o bem
dos outros e – 39
Lucinda, amiga espiritual, e – 39
paciência escassa e – 39
reencarnação de – 39
resignação para o bem e – 39

Lessa, Eduardo, médico
desencarnado
filosofia do imediatismo e – 11

Liberdade
proclamação da * e cativeiro da
paixões inferiores – 48

Licenciosidade
combate a * dos costumes – 33

Lima, Alberto
comentário de * integrante do
grupo doutrinário – 4

Limeira, Aguinaldo
cautela nas conversações
com o invisível e – 9
comunicação do Espírito
do pai de – 9
indagação descabida e – 9
indagações ociosas e – 9

Longfellow
biografia de – *Pontos e contos*, nota
história de um monge
e – *Pontos e contos*

Lucinda, amiga espiritual
Leonarda e – 39

Luz
acendimento da *e disseminação
da treva – 48

Macedo
diretor dos trabalhos
doutrinários e – 31

Mãe
pedido de restituição à saúde
do filho enfermo e – 6

Mafra, Sérgio
encontro de * com Ricardo
na vida espiritual – 18
Espiritismo e – 18
exigências no trabalho
espiritual e – 18
ideia fixa referentemente à
morte do corpo e – 18
pensamento na morte,
consolação de – 18
queixas veladas, amarguras
indefiníveis e – 18
Ricardo, amigo de – 18
triste, pessimista e – 18

Malebel
assessor da Justiça em Jerusalém e – 1
diálogo entre Jesus e – 1

Maledicência
conversão da * em suposto
entendimento fraternal – 43
desprezo ao nome do próximo na – 33
sessões de – 43

Matias, apóstolo
encontro de Jesus com Tiago e – 35
sucessor de Judas e – 35

Matilde
Cassilda, filha de – 34
desencarnação de – 34

Índice geral

Emilinha, filha de – 34
encontro de * com Emilinha
no plano espiritual – 34
Eulália, filha de – 34

Matoso, Silvério
comentário de – 4
doutrinador do grupo
doutrinário e – 4
espera pela colheita de
ensinamentos e – 4
inspiração do benfeitor Elias
e doutrinação de – 4

Medicina
vitória da * sobre a enfermidade
e a morte – 2

Médico divino *ver* Jesus

Médium
intensificação da capacidade
receptiva do – 17
intermediário do bem ou
do mal e – 17
permanência do * em extrema
passividade – 44
posição difícil do * com graves
responsabilidades – 16
semelhança do * de
responsabilidade com a
besta de carga do rei – 16

Mediunidade
roteiro para incursões no
campo da – 17
sintonia e – 17

Medo
adversário invisível do fracasso e – 36

Messias *ver* Jesus

Mestre dos mestres *ver* Jesus

Mestre *ver* Jesus

Milagre
esquecimento do * dos pães – 1

Moisés
colaboração de * com os sábios
da Espiritualidade – 45
conversa de Jesus com * no
monte Tabor – 45
proibição de consultas aos
mortos e – 45
receio de – 45

Moral
transformação * e sentimentos
animalizados – 37

Morte
interpretação da * como elemento
transformador – 30
pensamento na *, consolação
de Sérgio Mafra – 18
vitória da medicina sobre a *
e a enfermidade – 2

Mortos
reunião dos * da carne e dos que não
vivem distantes do sepulcro – 48

Mundo
reforma do * e reforma
do homem – 37

Murta, Josefina
abandono da mediunidade falante e
tentativa da psicografia e – 44
amor-próprio, preconceito e – 44
Aparício, esposo de – 44
desencarnação de – 44
desligamento do corpo e encontro
com a genitora – 44
dificuldades de – 44

Índice geral

necessidade de melhora na
   educação mediúnica – 44
psicografia de mensagem
   edificante e – 44
utilização da intuição e – 44

Nabopolassar
   considerações sobre – 49, nota

Nabucodonosor
   considerações sobre – 49, nota

Natureza
   vigilância sobre os impulsos
   de opressão aos seres
   inferiores da – 33

Navio
   emprego do * na dificuldade
   de comunicações – 2

Nero
   obsidiado e – 15

Neto, Cipriano
   afabilidade e – 40
   complexo de inferioridade e – 40
   desencarnação de – 40
   Elpídio e – 40
   fracasso no Espiritismo e – 40
   vaidade e – 40

Nimbado
   significado da palavra – 13, nota

Nínive
   considerações sobre – 49, nota

Nobreza faraônica
   admissão da sobrevivência
   dos mortos e – 15

Novo Testamento
   manancial de Espiritismo
   divino e – 15

Nunes, Mercedes, Sra.
   desaparecimento dos recursos
   mediúnicos da – 26
   desenvolvimento mediúnico e – 26
   Joaquim, esposo de – 26
   missão da fraternidade e da luz e – 26
   requisitos para realização da
   reforma interior e – 26
   tarefa mediúnica para outra
   reencarnação e – 26
   visão de almas sofredoras e de
   pessoas doentes e – 26

Óbolo da viúva
   Jesus e – 8

Ódio
   cura do * pelo amor – 14

Odoacro
   considerações sobre – 49, nota

Opíparo
   significado da palavra – 6, nota

Oráculo
   abertura de novos caminhos à mente
   do povo escolhido e – 45
   desaparecimento do – 45
   incompreensão do povo e – 45
   lançamento de luz sobre o
   Decálogo e – 45
   pitonisa e – 45
   pomo de discórdia terrestre e – 45
   transporte do * de um lugar
   para outro – 45

Organismo espiritual *ver* Perispírito

Organização hierárquica
   estabelecimento de – 1

Ormuzd
   doador do bem na Pérsia e – 15, nota

Índice geral

Paciência
    melhor método para aquisição de – 39
    renúncia, mestra da – 39

Parábola do rico
    Abraão, Espírito, sofrimentos
      do rico e – 28
    Lázaro e os sofrimentos do rico e – 28
    motivo da solicitação do rico e – 28

Pedro Richard e – 28
    súplicas do rico desventurado e – 28

Passadismo
    significado da palavra – 34, nota

Paz
    Evangelho, carta do mundo que
      glorifica a * na Terra – 2

Pedro, apóstolo
    libertação do medo e – 36
    medo da opinião dos outros e – 36

Pena, Augusto, dirigente
  da assembleia
    comentários de * ao final das preleções
      evangélicas – 41

Pensamento
    convenções relativas à riqueza e
      à pobreza e * cristão – 37
    germens de espiritualidade
      superior e * renovador – 37
    oferta de palhas misérrimas da boa
      vontade ao * evangélico – 37
    organização do * para vida nova – 37
    sombras da mente enfermiça
      e * cultivado – 11

Perispírito
    Belmiro Chaves e trabalho
      de assistência ao – 30

Perneta, Rosalino
    desencarnação da esposa de – 21
    desencarnação de – 21
    reencarnação de – 21
    retirada dos empréstimos
      concedidos e – 21
    Sizínio, amigo espiritual, e – 21
    Sizínio, avalista dos
      empréstimos de – 21
    solicitação de empréstimo para – 21
    teimosia e antiga má vontade e – 21

Persépolis
    significado da palavra – 49, nota

Pérsia
    Arimã, doador do mal, e – 15, nota
    Ormuzd, doador do bem, e – 15, nota
    zoroastrismo e – 15, nota

Pessanha, Bonifácio
    fuga à ginástica da luta humana e – 31
    Juliano, orientador da esfera
      espiritual, e – 31
    novato na Doutrina Espírita e – 31
    vício das perguntas ociosas e – 31
    Zina, filha de – 31

Pitonisa
    incompreensão do povo e – 45
    oráculo e – 45
    prosseguimento da missão e – 45

Portal de luz
    condição para passagem no *
      entre a Terra e o Céu – 46

Povo hebreu
    conversão do Reino divino em
      paixões terrestres e – 45
    incompreensão do * quanto ao
      serviço instituído – 45
    sementeira de miséria e ruína e – 49

Índice geral

Plano espiritual
iluminação duradoura para
a vida imortal e – 3

Príamo
último rei de Troia e – 49, nota

Príncipe da luz *ver* Jesus

Purificação
seguidores de Jesus e adversários
na senda de – 5

Rádio
união entre os países e – 2

Ramos, senhora
Anacleto, filho da – 11
caridade, humilde e – 11
discussão com o médico e – 11
encontro mediúnico no grupo
espiritista e – 11

Rei da Mesopotâmia
besta de carga do – 16
médium de responsabilidade e
besta de carga do – 16

Remorso
origem da tristeza do criminoso e – 18

Réprobo
significado da palavra – 4, nota

Ricardo, benfeitor espiritual
Sérgio Mafra, amigo de – 18

Richard, Pedro
crédito, débito e – 28
parábola do rico e – 28
ricos da Terra e – 28

Richet, Charles
respeito aos valores psíquicos e – 27

Rockefeller
biografia de – 28, nota

Romanos
consulta as vozes dos mortos
nos oráculos e – 15

Sabedoria divina
grandes missionários e – 2

Sáfaro
significado da palavra – 22, nota

Santa Casa da Misericórdia
Paulino José Soares de Souza,
provedor da – 27

Senhor *ver* Jesus

Sepultura
multidões perturbadas pela
poeira da – 48

Serra, Carvalho, Sr.
advertência do * à médium
Josefina Murta – 44

Sesóstris
considerações sobre – 49, nota

Silvares, médium
esclarecimentos do orientador
espiritual do grupo e – 9

Simeão
Jesus-criança e saudação de – 25

Sizínio
amigo espiritual de Rosalino
Perneta e – 21
avalista dos empréstimos concedidos
a Rosalino Perneta e – 21

Sócrates
Espírito guia e – 15

Índice geral

Sonambulismo puro passividade
 do médium e – 44

Sono
 Jesus e recepção de almas chegadas
 da Terra pelas asas do – 29

Sousa, Martinho
 abandono do trabalho diuturno e – 7
 aflições dos enfermeiros
 espirituais e – 7
 benfeitores espirituais e recursos
 de salvação de – 7
 comportamento de – 7
 convite para estudo à luz do
 Espiritismo e – 7
 ideia fixa e – 7
 libertação da obsessão terrível e – 7
 obsessão e – 7
 sugestão de um dos verdugos e – 7

Souza, Paulino José Soares de
 Santa Casa da Misericórdia e – 27

Suetônio, historiador latino
 assassínio de Júlio César e – 15, nota

Tabor
 corporificação de Espíritos
 sublimados e – 15

Tales
 anjos, demônios e – 15

Taunay
 reminiscências e – 27

Telefone
 intercâmbio entre corações
 apartados e – 2

Tempo
 acusação aos revoltados e – 50
 benfeitor carinhoso e credor imparcial
 simultaneamente e – 50
 combate aos ociosos e – 50
 compensação aos trabalhadores
 fiéis e – 50
 correção dos tolos e – 50
 esclarecimento aos velhacos e – 50
 generosidade nas concessões,
 justiça nas contas e – 50
 menosprezo aos irônicos e – 50
 perturbação aos criminosos e – 50
 prisão aos arbitrários e – 50
 tesouro infinito que o Criador
 concede às criaturas e – 50
 tiranos e abuso do – 50
 tolos e esquecimento do – 50
 zombaria dos indiferentes e – 50

Teresa, Sra.
 lamentações de Malvina
 Torres com – 24

Terra
 aguilhão e trabalho do
 homem na – 28
 Evangelho, carta do mundo
 que glorifica a paz na – 2
 Jesus e recepção de almas chegadas
 da * pelas asas do sono e – 29

Tiago, apóstolo
 considerações de * sobre a
 língua humana – 35
 encontro de Jesus com Matias e – 35
 libertação do medo e – 36
 medo da reprovação alheia e *,
 filho de Zebedeu – 36
 reminiscências de – 35

Tinoco
 indagações de Bonifácio Pessanha ao
 companheiro – 31

Índice geral

Torres, família
    desgostos íntimos e – 24
    palestra de Ezequiel e Antônio
        na residência da – 24
    programa de proteção
        educativa e – 24
    residência da *, purgatório
        de imprecações – 24
    saúde da – 24
    situação financeira da – 24

Torres, Hermenegildo
    filho do casal João e Malvina
    Torres – 24

Torres, João
    Hermenegildo, filho de – 24
    José, filho de – 24
    Malvina, esposa de – 24
    Oscar, filho de – 24
    Paulo, filho de – 24

Torres, José
    filho do casal João e Malvina
    Torres – 24

Torres, Malvina
    curso de entendimento, serviço,
        gratidão e prece e – 24
    lamentações de * com a
        amiga Teresa – 24
    lamentações de * com
        dona Amélia – 24
    Hermenegildo, filho de – 24
    João Torres, esposo de – 24
    José, filho de – 24
    Oscar, filho de – 24
    Paulo, filho de – 24
    programa de proteção
        educativa e – 24

Torres, Oscar
    filho do casal João e Malvina
    Torres – 24

Torres, Paulo
    filho do casal João e Malvina
    Torres – 24

Torres, Silva
    comentário de *, integrante do
        grupo doutrinário – 4

Tourinho, Abelardo, Dr.
    águia de inteligência e – 23
    clientes escorcháveis e – 23
    cura pela hidrocefalia no corpo
        físico e – 23, nota
    defesa do mal diante do
        dinheiro e – 23
    defesa dos fracos contra os
        poderosos e – 23
    desencarnação de – 23
    difícil ministério da consciência e – 23
    embotamento da consciência e – 23
    falta de tempo para estudo
        do Evangelho e – 23
    hipertrofia de amor-próprio e – 23
    pseudônimo de a grande cabeça – 23
    requisição a serviços inadiáveis e – 23

Trabalho
    entendimento da sublime
        significação do – 6
    ferramenta para construção do palácio
        do repouso legítimo e – 13
    requisito para conquista
        do * lúcido – 17
    verdadeira concepção da
        dignidade do – 28

Transubstanciação
    significado da palavra – 15, nota

Túmulo
    chineses e recepção dos
        mortos além do – 15
    resposta definitiva aos nossos
        problemas e – *Pontos e contos*

Vaidade
observação dos efeitos escuros
da * e da indisciplina – 4

Verdade
oferta da * e criação da mentira – 48

Vida
vibração da eternidade e – 4

Vida espiritual
encontro de Sérgio Mafra
com Ricardo na – 18
trabalhos, responsabilidades,
deveres e testemunhos na – 18

Vida eterna
compreensão das verdades da – 48

Vida imortal
iluminação duradoura para a
* e plano espiritual – 3

Vida material
esquecimento das algemas da – 4

Vilela, Luís, Sr.
proposição de ajuda e – 7

Virtude cristã
esclarecimentos sobre o
testemunho da – 5

Zacarias
doação de * ao Santo dos Santos – 8

Zina
Bonifácio Pessanha, pai de – 31

Zoroastrismo
Pérsia e – 15
significado da palavra – 15, nota

PONTOS E CONTOS				
EDIÇÃO	IMPRESSÃO	ANO	TIRAGEM	FORMATO
1	1	1951	10.117	12,5x17,5
2	1	1959	4.982	12,5x17,5
3	1	1969	5.103	12,5x17,5
4	1	1978	10.200	12,5x17,5
5	1	1979	10.200	12,5x17,5
6	1	1985	5.100	12,5x17,5
7	1	1988	10.200	12,5x17,5
8	1	1991	10.000	12,5x17,5
9	1	1994	10.000	12,5x17,5
10	1	1999	7.500	12,5x17,5
11	1	2007	1.000	12,5x17,5
11	2	2008	1.000	12,5x17,5
12	1	2008	3.000	14x21
12	2	2009	1.000	14x21
13	1	2014	3.000	14x21
13	2	2016	4.500	14x21
13	3	2019	1.000	14X21
13	IPT	2023	400	14x21
13	IPT	2024	300	14x21
13	6	2024	600	14x21

*Impressão pequenas tiragens

O EVANGELHO NO LAR

Quando o ensinamento do Mestre vibra entre quatro paredes de um templo doméstico, os pequeninos sacrifícios tecem a felicidade comum.[1]

Quando entendemos a importância do estudo do Evangelho de Jesus, como diretriz ao aprimoramento moral, compreendemos que o primeiro local para esse estudo e vivência de seus ensinos é o próprio lar.

É no reduto doméstico, assim como fazia Jesus, no lar que o acolhia, a casa de Pedro, que as primeiras lições do Evangelho devem ser lidas, sentidas e vivenciadas.

O espírita compreende que sua missão no mundo principia no reduto doméstico, em sua casa, por meio do estudo do Evangelho de Jesus no Lar.

Então, como fazer?

Converse com todos que residem com você sobre a importância desse estudo, para que, em família, possam compreender melhor os ensinamentos cristãos, a partir de um momento de união fraterna, que se desenvolverá de maneira harmônica e respeitosa. Explique que as reflexões conjuntas acerca do Evangelho permitirão manter o ambiente da casa espiritualmente saneado, por meio de sentimentos e pensamentos elevados, favorecendo a presença e a influência de Mensageiros do Bem; explique, também, que esse momento facilitará, em sua residência, a recepção do amparo espiritual, já que auxilia na manutenção de elevado padrão vibratório no ambiente e em cada um que ali vive.

Convide sua família, quem mora com você, para participar. Se mora sozinho, defina para você esse momento precioso de estudo e reflexões. Lembre-se de que, espiritualmente, sempre estamos acompanhados.

Escolha, na semana, um dia e horário em que todos possam estar presentes.

O tempo médio para a realização do Evangelho no Lar costuma ser de trinta minutos.

---

[1] XAVIER, Francisco Cândido. *Luz no lar*. Por Espíritos diversos. 12. ed. 7. imp. Brasília: FEB, 2018. Cap. 1.

As crianças são bem-vindas e, se houver visitantes em casa, eles também podem ser convidados a participar. Se não forem espíritas, apenas explique a eles a finalidade e importância daquele momento.

O seguinte roteiro pode ser utilizado como sugestão:

1. Preparação: leitura de mensagem breve, sem comentários;
2. Início: prece simples e espontânea;
3. Leitura: *O evangelho segundo o espiritismo* (um ou dois itens, por estudo, desde o prefácio);
4. Comentários: breves, com a participação dos presentes, evidenciando o ensino moral aplicado às situações do dia a dia;
5. Vibrações: pela fraternidade, paz e pelo equilíbrio entre os povos; pelos governantes; pela vivência do Evangelho de Jesus em todos os lares; pelo próprio lar...
6. Pedidos: por amigos, parentes, pessoas que estão necessitando de ajuda...
7. Encerramento: prece simples, sincera, agradecendo a Deus, a Jesus, aos amigos espirituais.

As seguintes obras podem ser utilizadas nesse momento tão especial:

- *O evangelho segundo o espiritismo*, como obra básica;
- *Caminho, verdade e vida; Pão nosso; Vinha de luz; Fonte viva; Agenda cristã.*

Esse momento no lar não se trata de reunião mediúnica e, portanto, qualquer ideia advinda pela via da intuição deve permanecer como comentário geral, a ser dito de maneira simples, no momento oportuno.

No estudo do Evangelho de Jesus no Lar, a fé e a perseverança são diretrizes ao aprimoramento moral de todos os envolvidos.

O LIVRO ESPÍRITA

Cada livro edificante é porta libertadora.

O livro espírita, entretanto, emancipa a alma nos fundamentos da vida.

O livro científico livra da incultura; o livro espírita livra da crueldade, para que os louros intelectuais não se desregrem na delinquência.

O livro filosófico livra do preconceito; o livro espírita livra da divagação delirante, a fim de que a elucidação não se converta em palavras inúteis.

O livro piedoso livra do desespero; o livro espírita livra da superstição, para que a fé não se abastarde em fanatismo.

O livro jurídico livra da injustiça; o livro espírita livra da parcialidade, a fim de que o direito não se faça instrumento da opressão.

O livro técnico livra da insipiência; o livro espírita livra da vaidade, para que a especialização não seja manejada em prejuízo dos outros.

O livro de agricultura livra do primitivismo; o livro espírita livra da ambição desvairada, a fim de que o trabalho da gleba não se envileça.

O livro de regras sociais livra da rudeza de trato; o livro espírita livra da irresponsabilidade que, muitas vezes, transfigura o lar em atormentado reduto de sofrimento.

O livro de consolo livra da aflição; o livro espírita livra do êxtase inerte, para que o reconforto não se acomode em preguiça.

O livro de informações livra do atraso; o livro espírita livra do tempo perdido, a fim de que a hora vazia não nos arraste à queda em dívidas escabrosas.

Amparemos o livro respeitável, que é luz de hoje; no entanto, auxiliemos e divulguemos, quanto nos seja possível, o livro espírita, que é luz de hoje, amanhã e sempre.

O livro nobre livra da ignorância, mas o livro espírita livra da ignorância e livra do mal.

EMMANUEL[1]

---

[1] Página recebida pelo médium Francisco Cândido Xavier, em reunião pública da Comunhão Espírita Cristã, na noite de 25 de fevereiro de 1963, em Uberaba (MG), e transcrita em *Reformador*, abr. 1963, p. 9.

O QUE É ESPIRITISMO?

O Espiritismo é um conjunto de princípios e leis revelados por Espíritos Superiores ao educador francês Allan Kardec, que compilou o material em cinco obras que ficariam conhecidas posteriormente como a Codificação: *O livro dos espíritos*, *O livro dos médiuns*, *O evangelho segundo o espiritismo*, *O céu e o inferno* e *A gênese*.

Como uma nova ciência, o Espiritismo veio apresentar à Humanidade, com provas indiscutíveis, a existência e a natureza do Mundo Espiritual, além de suas relações com o mundo físico. A partir dessas evidências, o Mundo Espiritual deixa de ser algo sobrenatural e passa a ser considerado como inesgotável força da Natureza, fonte viva de inúmeros fenômenos até hoje incompreendidos e, por esse motivo, são tidos como fantasiosos e extraordinários.

Jesus Cristo ressaltou a relação entre homem e Espírito por várias vezes durante sua jornada na Terra, e talvez alguns de seus ensinamentos pareçam incompreensíveis ou sejam erroneamente interpretados por não se perceber essa associação. O Espiritismo surge então como uma chave, que esclarece e explica as palavras do Mestre.

A Doutrina Espírita revela novos e profundos conceitos sobre Deus, o Universo, a Humanidade, os Espíritos e as leis que regem a vida. Ela merece ser estudada, analisada e praticada todos os dias de nossa existência, pois o seu valioso conteúdo servirá de grande impulso à nossa evolução.

FEB editora
Livro espírita para um novo mundo
www.febeditora.com.br
@febeditoraoficial
@febeditora

Conselho Editorial:
Carlos Roberto Campetti
Cirne Ferreira de Araújo
Evandro Noleto Bezerra
Geraldo Campetti Sobrinho – Coord. Editorial
Jorge Godinho Barreto Nery – Presidente
Maria de Lourdes Pereira de Oliveira
Miriam Lúcia Herrera Masotti Dusi

Produção Editorial:
Elizabete de Jesus Moreira

Revisão:
Ana Luiza de Jesus Miranda
Davi Miranda
Paula Lopes

Capa:
Evelyn Yuri Furuta

Projeto gráfico:
Ingrid Saori Furuta

Diagramação:
Eward Siqueira Bonasser Junior

Foto de Capa:
istockphoto.com/NickS

Normalização Técnica:
Biblioteca de Obras Raras e Documentos Patrimoniais do Livro

Esta edição foi impressa pela Gráfica e Editora Qualytá Ltda., Brasília, DF, com tiragem de 500 exemplares, todos em formato fechado de 140x210 mm e com mancha de 104x168 mm. Os papéis utilizados foram o Off white bulk 58 g/m² para o miolo e o Cartão 250 g/m² para a capa. O texto principal foi composto em fonte Adobe Garamond Pro 12/14,4 e os títulos em Adobe Garamond Pro 28/26. Impresso no Brasil. *Presita en Brazilo.*